Mañana
Guía de desarrollo sostenible

Maria Riba Megias

Mañana
Guía de desarrollo
sostenible

Dirección colección: Xavier Masllorens
Coordinación producción: Elisa Sarsanedas

Diseño cubierta: Loni Geest
Interiores: Manuel Company
Fotografía cubierta: Arnulf Husmo/Getty Images

1ª edición: noviembre 2003
© Autoría: Maria Riba Megias
© Intermón Oxfam
Roger de Llúria, 15. 08010 Barcelona
Tel (93) 482 07 00. Fax (93) 482 07 07. e-mail: info@IntermonOxfam.org

ISBN: 84-8452-241-5
Depósito legal: 316-2003

Impresión: Grafic RM Color, S. L., Huesca

Impreso en papel exento de cloro.

Impreso en España – *Printed in Spain*

«De que nosotros adoramos, no es que adoremos, sino que respetamos una serie de cosas de la naturaleza. Las cosas más importantes para nosotros. Por ejemplo, el agua es algo sagrado. La explicación que dan nuestros padres a nuestros niños es que no hay que desperdiciar el agua, aunque haya. El agua es algo puro, algo limpio y es algo que da vida al hombre. Sin el agua no se puede vivir, tampoco hubieran podido vivir nuestros antepasados... Tenemos la tierra. Nuestros padres nos dicen "Hijos, la tierra es la madre del hombre porque es la que da de comer al hombre." (...) Y de hecho nuestros padres nos enseñan a respetar esa tierra. Sólo se puede herir la tierra cuando hay necesidad. Esa concepción hace que antes de sembrar nuestra milpa, tenemos que pedirle permiso a la tierra.»

RIGOBERTA MENCHÚ, india quiché guatemalteca, premio Nobel de la Paz 1992.

ÍNDICE

Capítulo 1
Sostenibilidad.
Conceptos clave

«... la sostenibilidad ambiental implica mantener la biodiversidad, la salud humana y la calidad del aire, el agua y el suelo a unos niveles suficientes que permitan sustentar la vida y el bienestar de los seres humanos, la vida animal y vegetal.»

Fragmento del Principio 1.2 de la Carta de Aalborg

1.1 El desarrollo sostenible

Los seres humanos hemos pasado, de formar parte del engranaje delicado y equilibrado de los sistemas naturales, a intentar dominarlos. Los ecosistemas son una gran obra de teatro: cada uno de los seres vivos y elementos que los forman tienen su papel, saben cuándo entrar en escena y cuándo salir, cuándo hablar y cuándo callar. Los humanos hemos abandonado el papel de actor para pasar al de director. Con nuestras órdenes, hemos modificado el ritmo y el orden natural de los sistemas. Hemos dispuesto de la naturaleza a nuestro antojo sin imaginarnos jamás que, tarde o temprano, ésta nos pasaría factura.

El modelo de crecimiento de nuestra sociedad se basa en la explotación de los recursos naturales como si fueran infinitos, fomenta el consumo sin límites y acentúa cada vez más las desigualdades sociales y económicas. Este ritmo de crecimiento impulsa la degradación del medio ambiente, tanto local como global, y muchos de los recursos básicos de los cuales dependerán las generaciones futuras para su supervivencia y bienestar se están agotando.

Sostenibilidad ambiental significa mantener el capital ambiental, es decir, que el ritmo con el que consumimos los recursos naturales no exceda el ritmo con el que la naturaleza es capaz de regenerarlos. Si se cumple el principio de sostenibilidad, podemos satisfacer nuestras necesidades y asegurar que las generaciones futuras puedan satisfacer las suyas. El desarrollo sostenible es un modelo basado en este principio y consiste en integrar un desarrollo económico y social y una protección ambiental adecuada. Hay que dejar bien claro que desarrollo no es crecimiento económico. El objetivo del desarrollo sostenible no es tener más, sino vivir mejor.

El desarrollo sostenible incide en el deber que tenemos hacia las generaciones futuras. Este compromiso con el futuro no tendría ningún sentido si no se complementara con un compromiso con el presente que se vive más allá de las fronteras de los países ricos. El desarrollo sostenible debe ser para todos e incluir a todos los habitantes del planeta. Es evidente que sería una hipocresía asumir la responsabilidad que tenemos hacia las generaciones futuras y rehuir la que tenemos con las necesidades presentes. Por esta razón, la sostenibilidad no sólo es un concepto con connotaciones medioambientales, sino que también tiene una vertiente ética y debe convertirse en una herramienta para el análisis social y político de nuestra sociedad.

Antes de fijar objetivos, es necesario hacer un diagnóstico de la situación actual. Si se analiza globalmente el estado del planeta, nos enfrentamos a una serie de problemas mundiales que requieren una actuación inmediata. Es evidente que la única salida es un viraje brusco que enderece el rumbo, cambie la dinámica actual y la oriente hacia un futuro más sostenible. Entre los principales problemas, destacan los siguientes:

- El aumento progresivo del consumo mundial de energía, a pesar de que todavía hay 2.000 millones de personas que no tienen acceso a este recurso.
- El aumento del 2-3% anual en el consumo de agua. Este consumo está concentrado en pequeñas zonas del planeta, ya que un 20% de la población no tiene acceso a fuentes de agua potable con garantía, y un 50% no dispone de instalaciones de saneamiento adecuadas. Además, buena parte de las reservas de agua dulce, ríos, lagos y aguas subterráneas están contaminadas.
- La pérdida de suelo, calculada en 5-6 millones de hectáreas al año.
- La disminución de la biodiversidad. Cada vez hay más especies en peligro de extinción y las principales causas son:
  La pérdida de sus hábitats naturales.
  La introducción de especies en los ecosistemas.
  La exposición a sustancias químicas peligrosas.
- La alteración y contaminación de la atmósfera.
- La acumulación creciente de residuos.
- El aumento de la población y la pobreza. De los 6.000 millones de habitantes que hay en la Tierra, las cuatro quintas partes viven en condiciones de subdesarrollo y 1.300 millones sobreviven por debajo del límite de la pobreza.
- Los desequilibrios entre el Norte y el Sur son cada vez más grandes. El 15% de la población dispone del 70% de la riqueza mundial, mientras que el 85% restante sólo dispone

del 21%. Las diferencias entre pobres y ricos se han duplicado en los últimos 30 años.

La responsabilidad del desarrollo sostenible

El desarrollo sostenible es un reto global en el que, para garantizar su éxito, deben implicarse todas las partes interesadas. Los ciudadanos y pequeños colectivos también tenemos mucho que decir y hacer. Podemos denunciar las políticas que hacen caso omiso del medio ambiente y exigir a los gobiernos una mayor implicación y responsabilidad en temas medioambientales. También podemos actuar: el desarrollo sostenible global pasa, necesariamente, por la sensibilización y el trabajo individual y comunitario que garantice la sostenibilidad de nuestra sociedad.

La Tierra no tiene fronteras, por eso son imprescindibles los acuerdos internacionales en materia de medio ambiente. La Teoría de Gaia trata la Tierra como un gran ser vivo en el cual todos los procesos naturales están relacionados, se complementan, autorregulan y forman parte de un gran todo en el que ninguna causa queda sin su correspondiente efecto. Hace falta abordar el problema medioambiental dentro de este marco global. Las políticas medioambientales estatales, si no están en consonancia con las del resto de los estados, son absurdas.

Los gobernantes han hecho, y continúan haciendo, primar los intereses políticos, y sobre todo económicos, sobre los medioambientales. La mayoría de las veces, las cumbres internacionales sobre medio ambiente se caracterizan por grandes discursos y extensas planificaciones que, a la hora de la verdad, pocas veces se materializan en acuerdos y actuaciones concretas. La creciente presión social y científica y la imposibilidad de negar la evidencia de la degradación natural del planeta han conseguido una reacción, débil aún, de la clase política.

La Cumbre de la Tierra celebrada en Río de Janeiro en el año 1992 puso en marcha, aparentemente, una etapa de buena voluntad política en materia de medio ambiente. Desde entonces, se ha avanzado en algunos aspectos, pero aún queda mucho camino por recorrer: la legislación y los acuerdos siguen llegando tarde, cuando el mal ya está hecho, y pocas veces se basan en un principio de precaución.

Capítulo 2
Agua. La gestión sostenible de los recursos hídricos

El déficit de agua, sin duda, es uno de los problemas princi-
pales que debe afrontar hoy en día la humanidad. La explo-
tación y contaminación a que sometemos los recursos hí-
dricos desde hace décadas nos han llevado a una situación
límite. Si seguimos a este mismo ritmo, pondremos en peli-
gro el suministro. Ante esta realidad, sólo hay una salida
posible: un cambio en la cultura del agua. No debemos tra-
tarla como un recurso del que se ha de sacar el mayor rendi-
miento económico posible, sino como un bien imprescindi-
ble para la vida que debemos conservar. Para hacerlo, es
necesario impulsar nuevos modelos de gestión basados en
el ahorro, la reutilización y el respeto.

2.1 Los usos del agua

Se puede considerar, sin temor a exagerar, que el agua es la
molécula más importante del planeta. Es mucho más que la
simple combinación química de átomos de hidrógeno y oxígeno. Se trata de una molécula con propiedades muy especiales

EL CICLO DEL AGUA

TRANSPORTE DE VAPOR

PRECIPITACIÓN
EVAPORACIÓN
TRANSPIRACIÓN
EVAPORACIÓN
PRECIPITACIÓN

INFILTRACIÓN
LAGO
TIERRA
OCÉANO

FLUJO DE AGUA SUBTERRÁNEA

Fuente: www.geocites.com

que la convierten en elemento indispensable de buena parte de los procesos naturales. Es el componente más abundante de los seres vivos, un factor clave en la distribución de la energía solar, e interviene en la configuración del paisaje.

El agua es la única sustancia que, en las condiciones naturales de la Tierra, se encuentra en los tres estados: sólido, líquido y gaseoso. Está en estado líquido en los océanos, ríos, lagos y en la vegetación, desde donde se evapora y pasa a la atmósfera en estado gaseoso, a partir del cual, a su vez, se precipita en forma de lluvia o nieve sobre los océanos y continentes. Buena parte del agua continental regresa a los océanos fluyendo por la superficie o por los cursos subterráneos.

La Tierra es conocida como «planeta azul» porque está formada casi en un 80% por agua, pero sólo una pequeña fracción está disponible para el hombre. Los ríos aportan a la humanidad el 80% de lo que necesitamos, pero sólo representan el 0,003% de los recursos hídricos del planeta. De todas formas, se calcula que el ciclo del agua deja anualmente unos 9.000

EL AGUA EN LA TIERRA

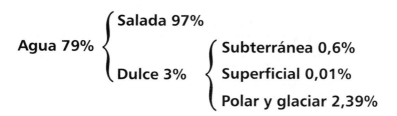

Tierra 21%

Agua 79% $\begin{cases} \text{Salada 97\%} \\ \\ \text{Dulce 3\%} \end{cases}$ $\begin{cases} \text{Subterránea 0,6\%} \\ \text{Superficial 0,01\%} \\ \text{Polar y glaciar 2,39\%} \end{cases}$

km^3 que pueden ser utilizados por el hombre. Esta cifra bastaría si se hiciera un uso racional. Por otro lado, la disponibilidad no es homogénea, varía de un lugar a otro: hay países como Islandia que disponen de 68.000 m^3 por habitante y año, mientras que un habitante de Israel o Arabia Saudí no puede contar con más de 240 m^3. También varía de una época a otra: en la mayoría de latitudes, la distribución de lluvias es estacional y se alternan períodos de buena disponibilidad con épocas más secas.

La visión que tenemos los seres humanos de la naturaleza nos hace pensar que el agua es un recurso disponible para nuestro beneficio. Se trata de un enfoque equivocado. El agua es la fuente de vida no sólo de los ecosistemas marinos, sino también continentales: los ríos, lagos y pantanos son sistemas de gran complejidad y riqueza biológica que se han visto gravemente afectados por el abuso que hemos hecho y hacemos de los recursos hídricos. En la actualidad, el uso indiscriminado no sólo afecta el entorno natural, sino que puede comprometer nuestro futuro.

El consumo de agua empezó a aumentar a partir de la Revolución Industrial y la explosión demográfica iniciada en el siglo XIX, pero a partir de la segunda mitad del siglo XX este incremento se ha disparado. En 100 años, el consumo de agua se ha

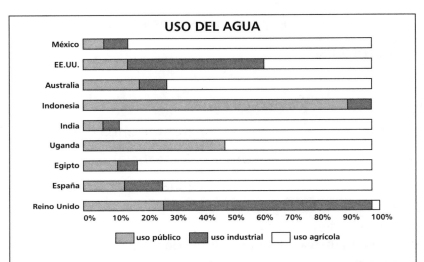

USO DEL AGUA

Aunque los datos representados son de finales de los años ochenta, en la actualidad la distribución de la utilización del agua sigue la misma tendencia. En la mayoría de los países, el agua se aprovecha para la agricultura. México e India son ejemplos claros de países en los cuales la actividad agrícola aún tiene un gran peso económico. En España, la agricultura consume el 75% de los recursos hídricos. Quizá sorprenda el dato de que tanto Indonesia como Gran Bretaña prácticamente no utilizan el agua con fines agrícolas, no porque en ellos no haya agricultura, sino porque el clima de la zona aporta toda la humedad que necesitan los cultivos.

Fuente: elaboración propia a partir de datos de Miracle, M.R. et al.

multiplicado por 9, y lo peor es que la tendencia continúa. El agua se ha utilizado para producir buena parte de los alimentos y la energía necesarios para el crecimiento de la población. Incluso hoy en día, la agricultura sigue siendo su principal destino: el 73% de los recursos hídricos mundiales se destina a este sector. Por tanto, la falta de agua continúa siendo sinónimo de hambre y pobreza.

El agua es fuente de riqueza... allí donde llega. Pero no llega a todas partes: el 20% de la población mundial consume el 80% de los recursos aprovechables, mientras que, según una evaluación efectuada por las Naciones Unidas, un tercio de la población vive en países con dificultades para satisfacer las necesidades hídricas. Se prevé que para el año 2005, las dos terceras partes vivirán en esta situación. Todavía hay miles de millones de habitantes que no disponen de alcantarillado adecuado y sufren de enfermedades transmitidas por aguas sucias. En los países del Sur, todos los días mueren más de 15.000 personas por esta causa.

2.2 Los problemas de la mala gestión del agua

Durante mucho tiempo, las reservas se han utilizado de manera irresponsable, como si fueran ilimitadas. La presión humana ha alterado y sigue alterando los ríos de los países desarrollados: la agricultura, la obtención de energía y la construcción de presas son las causas principales. El conjunto, ha provocado cambios en los cursos de los ríos y reducción de los caudales, y

---

«El agua es lo único que nos hace falta para solucionar nuestros problemas.»

Gayabahai Kahatalu es una mujer muy fuerte. Es viuda y sola saca adelante a sus cuatro hijos. «Cuando tengamos agua para regar la tierra, tendremos más comida y estaremos más fuertes para cultivar los campos. Durante los 8 meses de sequía, en nuestra comunidad no tenemos agua limpia y nuestros hijos enferman. Después, durante los cuatro meses del monzón, las lluvias fuertes hacen que el agua se estanque y aparezcan el paludismo y las diarreas. *Gajabahi Khatalu. Agricultora de la comunidad de Dalit. Provincia de Maharashtra (India).*

Consumo doméstico de agua

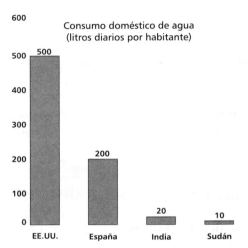

Consumo doméstico de agua
(litros diarios por habitante)

El consumo mínimo para garantizar una calidad de vida razonable es de 80 litros diarios. Las tres cuartas partes de la población mundial sólo disponen de 50 litros al día. En algunas zonas rurales de Kenia, los habitantes sobreviven con 5 litros diarios, la cantidad que utiliza cualquier habitante de los países ricos para lavarse los dientes.

Buena parte del agua que consume un norteamericano se destina a lavar el coche y regar el césped. Los usos recreativos también se han incrementado en los últimos años: un campo de golf con sus construcciones anexas necesita 1.200.000 litros diarios. Con esta cantidad se podría garantizar el suministro diario de 15.000 personas.

Fuente: ONU, Periódico del estudiante, mayo 2003

amenaza peligrosamente a los organismos que aún sobreviven allí. La construcción de embalses ha sido uno de los pilares de la política del agua. Las presas aseguran el suministro y prote-

© Maria Riba

El PHN es un documento elaborado por el Gobierno que recoge su política de gestión del agua. El Ministerio de Medio Ambiente, ante un teórico aumento de la demanda, ha elaborado una estrategia para afrontar el déficit futuro. La propuesta es clara: para satisfacer la demanda habrá que construir 100 embalses nuevos, 26 desalinizadoras y trasvasar 1.050 hm³ de caudal desde las tierras del Ebro a Almería, Murcia, la Comunidad Valenciana y las cuencas internas de Cataluña a través de una tubería de 1.024 km. Resumiendo, el Gobierno propone la aplicación de una política de gestión del agua claramente insostenible. El objetivo fundamental del PHN sigue siendo la explotación y olvida la conservación. En lugar de promover una cultura basada en el ahorro y la eficiencia, se ha optado por prometer aumentos, a menudo utópicos, de suministros. Los trasvases no son la solución y producen un círculo vicioso de consecuencias negativas. El impacto ambiental, social y económico en las cuencas donantes es más que evidente y, en las cuencas receptoras, los trasvases generan falsas expectativas y provocan un aumento de la demanda.

La incoherencia del PHN ha dado origen a una movilización ciudadana masiva. Los habitantes de las tierras del Ebro lideran un movimiento activo de denuncia del plan que los lleva a manifestarse y a presentar recursos a las más altas instancias europeas. Quieren dejar claro que se oponen a la promoción del uso indiscriminado del agua que efectúa el Gobierno y cuyo objetivo final es el beneficio económico.

gen de las variaciones de caudal y curso. Hoy en día, conocemos con detalle las consecuencias de estas infraestructuras: además de un impacto visual más que evidente, los embalses han desplazado a millones de personas de sus casas y destruido cursos fluviales enteros.

El problema más grave que afecta los lagos es la eutrofización. Se llama así al aumento de la concentración de nitrógeno y fósforo en el agua debido a los vertidos y aportes de procedencia agrícola, urbana e industrial. Estas aguas contienen restos de fertilizantes, detergentes y otros productos de la actividad humana. El incremento de la concentración de nitrógeno y fósforo es el causante del crecimiento de diferentes grupos de algas que desplazan la vegetación natural. Los lagos pierden su riqueza biológica y, allí donde vivía una comunidad diversa de vegetales acuáticos, ahora sólo hay algas.

Las aguas subterráneas que alimentan las fuentes, así como algunos lagos y ríos, también sufren las consecuencias de la presión humana. Las reservas acuíferas han estado sobreexplotadas y su nivel ha bajado de forma alarmante. Además de la sobreexplotación, las aguas subterráneas también sufren problemas de contaminación. La Agencia Holandesa de Protección Ambiental ha elaborado estudios que demuestran que los acuíferos del 65% de la tierra cultivable de la Unión Europea superan los niveles de contaminación por pesticidas aceptados por la normativa.

La calidad de las aguas oceánicas no es tan preocupante como la de los ecosistemas acuáticos continentales. No es mérito nuestro que los mares y océanos estén en condiciones más saludables que los ríos y acuíferos. El inmenso volumen de los océanos neutraliza más fácilmente los efectos de la actividad humana. Hasta no hace muchos años, la depuradora de Sant Adrià (Barcelona) vertía diariamente los fangos producidos en el proceso de depuración del río Besós unos kilómetros mar adentro de la costa barcelonesa. El análisis de los sedimentos de la zona donde se vertían los fangos demostró que contenían concentraciones muy elevadas de metales pesados, plomo, mercurio, cobre y cadmio. En la zona afectada, se comprobó que la biodiversidad era inferior que en zonas de aguas más limpias. Los metales se detectaron en diferentes organismos, incluidos los peces que se pescaban en la zona y se destinaban al consumo humano.

Los océanos se ven afectados regularmente por fugas y vertidos de petróleo. Las famosas mareas negras ocupan con frecuencia los titulares de los periódicos. Está y estará durante muchos años en la mente de todos un nombre: el Prestige, y una imagen: la costa gallega teñida de luto. El fuel del Prestige ha alterado el ecosistema marino del Cantábrico. Hay que impedir que vuelvan a suceder desastres como éste. La indignación de los ciudadanos no basta; los políticos deben pasar a la acción, tomar decisiones y elaborar leyes al respecto.

2.3 Bases para una nueva cultura del agua

Desde siempre, y hasta el día de hoy, el agua se ha utilizado como recurso para obtener beneficios económicos. Se ha empleado para producir energía, para regadíos, como motor de la industria... En ningún caso se ha tenido en cuenta su conservación y la del medio natural que dependía de ella. Hay que cambiar esta mentalidad, basada en la explotación, por una que fomente la conservación. Gestionar no significa buscar las maneras de atender un crecimiento ilimitado del consumo, sino racionalizar este consumo: impedir que aumente y favorecer la disminución. La racionalización del uso del agua pasa por el principio de las tres «R», aplicable a todos los recursos naturales: hay que «reducir, reutilizar y reciclar». Ésta es la filosofía que debemos aplicar en todos los sectores, y hay que hacerlo ya... mañana puede ser demasiado tarde.

La agricultura utiliza las dos terceras partes del total de agua que se consume en el planeta. Si no se modifican las prácticas agrícolas, con el actual ritmo de crecimiento, en el año 2005, no habrá agua para regar los cultivos necesarios para alimentar a la población. Hay que aprovecharla al máximo. Es preciso sustituir los sistemas tradicionales de inundación de los campos por técnicas que disminuyan el gasto. De hecho, estos sistemas ya existen. Está demostrado que el riego gota a gota reduce de un 30 a un 70% el consumo y aumenta las cosechas. Cuando nos preguntamos por qué estos sistemas no acaban de implantarse, la respuesta es clara: el bajo precio del agua hace que a los agricultores les resulte más rentable seguir con los sistemas tradicionales de inundación que sustituirlos por otros más eficientes. En algunas zonas, sacar el máximo provecho posible de cada gota se traduce en vidas. Hay que luchar para conseguir técnicas de riego eficientes a bajo precio y encontrar el camino para difundir su uso en todas estas regiones. Entre los 800 millones de personas desnutridas, hay familias de campesinos pobres a las que beneficiaría disponer de agua de riego o de técnicas que les permitiesen aprovechar las reservas de su entorno.

La agricultura moderna ha abusado de los fertilizantes y plaguicidas. En el Delta del Ebro, los abonos químicos que se añaden a los arrozales provocaron graves problemas de eutrofización en las aguas de las lagunas costeras. En ellas, crecieron

Una lección de agricultura de los pueblos qaluyu y pucara

No siempre hacen falta técnicas innovadoras para solucionar los retos medioambientales. En el altiplano del lago Titicaca (Perú), a 3.800 m de altura, las severas condiciones ambientales hacen de la agricultura una actividad dura y con pocos resultados. En esta región, se encontraron restos arqueológicos que demuestran que, mucho antes de la llegada de los incas, esta zona estaba habitada por los pueblos qaluyu y pucara. Los restos indican que se trataba de una comunidad numerosa que habitó la región durante unos 1.400 años. Los arqueólogos no entendían cómo habían podido sobrevivir en condiciones tan extremas. Las excavaciones dieron la respuesta: estos pueblos desarrollaron un sistema eficiente de cultivo de la tierra. Disponían los campos de labranza en hileras de hasta 100 metros, separadas por 10 metros, y entre los campos excavaban canales de 1 y 1,5 metros de profundidad. Estos canales tenían diferentes funciones: cuando llovía mucho, drenaban los campos, y en los años de sequía, el agua acumulada en ellos se utilizaba para regar. Los sedimentos del fondo de los canales, que eran muy fértiles, se empleaban periódicamente como abono natural. El descubrimiento impulsó la experimentación: los agricultores quechuas reconstruyeron la zona de campos y plantaron diferentes variedades de patata y cultivos locales. La cosecha de patatas, sin el uso de fertilizantes adicionales, fue tres veces superior al promedio de la región. El éxito contrasta con el fracaso absoluto de todos los proyectos agrícolas (fertilizantes artificiales, maquinaria, semillas de alto rendimiento) que se habían probado durante años en la región del Titicaca.

Fuente: Lanz, K. El libro del agua

poblaciones de algas que eliminaron la vegetación natural. A partir del momento en que se empezaron a controlar los flujos de los canales de drenaje de los arrozales hacia las lagunas, se regeneró la vegetación autóctona. Aunque el control de la red hidrológica de los arrozales del Delta solucionó la degradación de las lagunas costeras, lo cierto es que habría que buscar soluciones que llegasen al fondo de la cuestión, en este caso, al uso indiscriminado de fertilizantes químicos en los cultivos. En el mismo Delta del Ebro ya hay arrozales que producen arroz ecológico con excelentes beneficios económicos y ambientales.

Según Luís Bayon, técnico del Consejo Regulador de Agricultura Ecológica (CRAE), la agricultura ecológica exige la aplicación de técnicas que favorezcan la fertilidad natural de la tierra, con rotaciones y abonos orgánicos. Las semillas son de producción ecológica, nunca trasgénicas, y no se pueden utilizar ni abonos ni plaguicidas químicos. La práctica de la agricultura ecológica tiene ventajas claras tanto para el medio natural como para la salud humana: no malgasta energía ni recursos, favorece la conservación de agua y no contamina los acuíferos, fertiliza la tierra y evita la desertización, produce alimentos menos vistosos pero más gustosos y ricos en nutrientes, garantiza la seguridad alimentaria y protege la salud de los agricultores. A pesar de los beneficios, los productos ecológicos se consumen menos que los convencionales. España es el tercer productor europeo, pero el consumo ecológico sólo representa un 1% del total. Más del 85% de la producción ecológica española se exporta a Europa y Estados Unidos, ya que el precio de estos productos es superior al de los convencionales. Para que la agricultura ecológica llegue a ser tan rentable como la intensiva habría que seguir investigando, con el fin de encontrar la forma de aprovechar al máximo el uso del agua, métodos eficaces para controlar las plagas y aumentar la productividad.

Aunque la industria utiliza menos agua que la agricultura, hay que seguir trabajando para que el aprovechamiento resulte óptimo. Antes de la Segunda Guerra Mundial, para producir una tonelada de acero hacían falta entre 60 y 100 toneladas de agua; actualmente se necesita sólo una décima parte y, si en lugar de producir acero se fabrica aluminio, como ya hacen los grandes fabricantes de coches, el consumo se reduce todavía

---

«... En Perú hemos sido ecológicos por necesidad.»

«Los campesinos creamos una asociación llamada Aproal, formada por 184 socios en 12 comunidades. Trabajamos la quinoa ecológica, un cereal del altiplano. No utilizamos fertilizantes ni insecticidas. Usamos estiércol como abono y una infusión de plantas como insecticida. La producción anual por hectárea de los miembros de la asociación ronda los 1.500-1.800 kilos, mientras que en los otros campos el máximo es de 900 kg/ha. En el Perú hemos sido ecológicos por necesidad. No había dinero para fumigar, ni abonos químicos. Pero tenemos muchos conocimientos heredados de nuestros padres y muchas ganas de progresar.» *Herculano Huanca. Agricultor de la Comunidad de San Antonio de Chujura. Provincia de Puno (Perú).*

---

mucho más. Por desgracia, aún son demasiado frecuentes las noticias de vertidos de residuos tóxicos en ríos o en el mar por parte de las industrias. La normativa es cada vez más exigente, pero, para evitar que las industrias incurran en costosas inversiones en depuradoras, los gobiernos les obligan a cumplirla con condiciones mínimas de calidad de agua. En algunas Comunidades Autónomas, se obliga al consumidor a pagar la depuración de las aguas. Bajo el principio de «quien contamina paga», las industrias deben pagar un impuesto que varíe en función del volumen de aguas residuales que generen y el grado de contaminación que tengan.

Cuando no hay alternativas posibles, se aprovecha el uso completamente y, si aun así, falta agua, se deben buscar nuevas fuentes. La desalinización es la extracción de agua dulce a partir del agua salada de los océanos. Realmente, es una paradoja que, rodeados de agua como estamos, ésta pueda ser un factor que limite el desarrollo. A pesar de la reducción de precio de los últimos años, la desalinización sigue siendo un pro-

Cantidad de agua necesaria para producir 1 kilogramo de trigo, 1 kg de trigo: 1.000 litros

Cantidad de agua necesaria para producir 1 kilogramo de vacuno. 1 kg de vacuno: 100.000 litros

Agua, trigo y vacuno

Aunque parezca sorprendente, hacer algunos cambios en nuestra dieta sería una gran inversión en solidaridad. El consumo de carne en los países desarrollados es exagerado. Este exceso no es bueno, ni para nuestra salud, ni para la economía global. Para producir un kilo de trigo hacen falta 1.000 litros de agua; para producir un kilo de ternera, 10.000 litros. Una cambio de dieta produciría un cambio en la demanda, modificaría cualitativamente la producción y favorecería un mejor reparto de los recursos. Tenemos la sartén por el mango: o carne para unos pocos o pan para todos.

Fuente: Godrej, D., Cambio climático, Dosiers para entender el mundo

ceso caro que, además, depende de fuentes energéticas no renovables. Sólo se emplea en algunos países con gran escasez y alto nivel económico, como Arabia Saudí o Israel. Las islas griegas que, sobre todo en el período estival en que reciben gran afluencia de turistas, también padecen déficit hídrico, han optado por otra solución. Aún se trata de un método experimental, pero desde el año 1997 una compañía inglesa de remolcadores transporta bolsas de agua gigantes, de hasta 3 millones de litros de capacidad, desde el continente griego hasta las is-

AGUA. LA GESTIÓN SOSTENIBLE DE LOS RECURSOS HÍDRICOS

las. De todas formas, estos métodos son válidos para resolver situaciones de emergencia, pero aún están muy lejos de aportar soluciones definitivas.

Hay que trabajar en las ciudades para reducir las pérdidas y fomentar el ahorro. Nueva York, el paradigma del estilo de vida insostenible, paradójicamente ha aplicado un modelo de gestión de agua bastante ejemplar. A principios de los noventa, el crecimiento continuo de la demanda dejó claro que, si no le se ponía solución, la ciudad sufriría déficits graves en pocos años. En lugar de estudiar nuevos proyectos de canalización o estaciones de bombeo del río Hudson, los gestores municipales optaron por otra vía: lograr reducir la demanda. Como eran conscientes de que sensibilizar a la población no era tarea fácil, decidieron compensarla económicamente: se inició una campaña de renovación de los sanitarios domésticos. Se invirtieron 295 millones de dólares para sustituir inodoros ineficientes que gastaban 15 litros cada vez que se vaciaba la cisterna, por otros que sólo utilizaban 6 litros para la misma función. Al cabo de 3 años, se habían sustituido más de un millón de inodoros y el consumo de agua por edificio y año se había reducido en un 29%. Esta medida, conjuntamente con inspecciones e incentivos económicos para fomentar el uso racional y un exhaustivo sistema de detección de escapes en las cañerías, arroja resultados esperanzadores: entre 1991 y 1999, el consumo por habitante ha disminuido de 700 a 600 litros.

Cuando no se dispone de tantos recursos económicos también hay formas de gestionar el agua de forma sostenible. En Windhoek (Namibia), la sequía crónica que sufre la ciudad ha obligado a los dirigentes a impulsar un estricto sistema de aprovechamiento: las aguas residuales de las casas se recuperan, potabilizan y reutilizan. Aunque el agua reutilizada cumple los requisitos de calidad, sólo se utiliza para el consumo humano en caso de extrema necesidad. Sino, se emplea para regar los parques y jardines de la ciudad. En Israel, el 70% de las

EL RINCÓN DE RIGOBERTA

por Marián Campderrós

2.- Cierra el grifo al lavarte los dientes o afeitarte, puedes ahorrar hasta 10 l

1.- Coloca dos botellas llenas dentro de la cisterna y ahorrarás de 2 a 4 litros cada vez que la uses. No emplees el inodoro como papelera

3.- Dúchate en vez de bañarte, ahorrarás 150 l

4.- Arregla con urgencia las averías de grifos y cañerías. Un grifo que gotea pierde 30 l diarios

5.- Riega al anochecer para evitar pérdidas por evaporación, ¡las plantas te lo agradecerán!

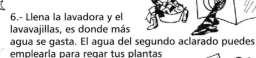

6.- Llena la lavadora y el lavavajillas, es donde más agua se gasta. El agua del segundo aclarado puedes emplearla para regar tus plantas

7.- No uses las duchas de las playas, es un lujo superfluo e innecesario que debes hacer saber a tu ayuntamiento

8.- No abuses de la lejía, rompe el equilibrio bacteriano de las depuradoras dificultando su trabajo. Utiliza detergentes ecológicos, sin fosfatos

9.- Escoge plantas autóctonas para tu jardín y tiestos, consumen menos agua y dan mucho menos trabajo que las plantas exóticas, además atraen a mariposas y no exigen el uso de productos químicos para su mantenimiento

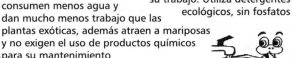

10.- Coloca difusores y demás mecanismos de ahorro en los grifos, aprovecharás mejor el agua reduciendo su consumo

Sólo el 2,8% del agua de nuestro planeta es dulce y tan sólo el 0,01% se encuentra en lagos y ríos ¡NO LA MALGASTES!

Fuente: Boletín «La Matruca»

aguas municipales se tratan y reutilizan básicamente para el riego de cultivos no destinados al consumo humano.

¡Todos tenemos mucho que hacer en casa! De la misma forma que se pide al agricultor o al industrial que hagan un uso racional del agua, nosotros también debemos ducharnos o poner el lavavajillas de manera racional. La responsabilidad de conservar el agua y el medio es colectiva. Todos debemos colaborar: cerrar el grifo mientras nos lavamos los dientes o nos enjabonamos, instalar difusores de agua en los grifos que, por un precio módico, forman burbujas de aire en el chorro y favorecen el ahorro, o comprar electrodomésticos con certificado de eficiencia. Si queremos ir más allá, podemos hacer una instalación de aguas grises o, en caso de que tengamos un patio o jardín, poner una cisterna que recoja las aguas pluviales y aprovecharlas para regar.

Capítulo 3
Energía. El consumo racional de los recursos energéticos

El estilo de vida de la sociedad occidental se basa en un montón de mecanismos, botones y accesorios que gastan grandes cantidades de energía para hacer la vida más fácil, sofisticada y divertida. El consumo energético desenfrenado lleva asociados grandes problemas ambientales. Si seguimos con la misma dinámica, la Tierra se convertirá en un planeta sucio y enfermo. Hay que revisar el modelo de desarrollo y apretar el freno. La reducción del consumo y la sustitución de las fuentes energéticas tradicionales por otras nuevas y renovables, como la energía solar o eólica, son las únicas soluciones a la crisis ecológica derivada del modelo energético actual.

3.1 Las fuentes de energía y sus usos

Todos los seres vivos necesitamos energía para vivir: energía biológica, que consumimos en forma de alimentos y utilizamos para mantener las funciones vitales, y cultural, que utilizamos para mantener el metabolismo externo: los peces aprove-

«... Los boles, vasos y platos son de cerámica vitrada francesa, pero las cucharas y cuchillos, de acero inoxidable sueco, mientras que la tostadora es danesa, y la cafetera eléctrica, por supuesto, italiana. Bueno, eso era así hasta hace poco. Ahora, aunque conservando el diseño italiano, los elementos mecánicos son españoles, los electrónicos, coreanos y taiwaneses, y los acabados checos. El mundo se ha convertido en una enorme despensa, en una tienda de utensilios llegados quién sabe de dónde y en un mercado de trastos de utilidad bastante dudosa. El transporte de bienes de consumo procedentes de regiones lejanas es algo habitual, porque los diferentes países tienen en la exportación de sus productos una fuente de divisas necesaria para subvenir a los enormes gastos que supone la economía actual, y a duras penas nos damos cuenta del enorme coste energético que ello implica. (...) Me llama un amigo italiano, llamo a mis padres; el portero le explica no sé qué a mi mujer por el interfono, mientras la pequeña enciende el televisor para ver su programa preferido de dibujos animados, y mis hijos mayores dan vueltas como autómatas con sus respectivos *walkman* escuchando un sonido estridente que llaman música... El mundo se ha convertido en una cabina de mando con infinidad de botones que hay que apretar para llevar a cabo hasta la más banal de las actividades, y no acabamos de ser conscientes de cuánta energía llegamos a mover cada vez que apretamos uno.»

Fuente: fragmento extraído de Ros, J., «Homo energeticus»,
Medi ambient, tecnologia i cultura

chan las corrientes de agua para desplazarse; los reptiles, el calor de los rayos de sol para calentar su cuerpo. En el caso del ciudadano de los países ricos, el consumo de energía cultural es desproporcionadamente alto. El metabolismo interno de los seres humanos oscila entre 2.000 y 3.000 kilocalorías al día o, por decirlo de otra manera, entre 100 y 150 vatios (¡igual que una bombilla eléctrica!), pero nuestro consumo externo puede llegar a ser 50 veces superior. En definitiva, gastamos mucha más energía preparándonos el desayuno que la que obtenemos al digerirlo. El hombre primitivo consumía la misma cantidad de energía biológica que cultural, pero a medida que ha ido aprendiendo a controlar las fuentes, primero la madera, más tarde el carbón, después el petróleo y el gas natural, y ahora la energía nuclear, su gasto de energía cultural ha aumentado. El crecimiento económico está ligado al aumento de la demanda energética.

Desigualdades en el consumo energético

	Países del Sur	Países del Norte
Metabolismo interno o biológico (vatios diarios)	100	150
Metabolismo externo o cultural (vatios diarios)	300	6.500 (10.000 en EE.UU.)

Nuestra sociedad llama desarrollo y progreso a la capacidad de explotar la mayor cantidad de recursos posibles. Como muestra, el cuadro: las diferencias entre el metabolismo biológico de un ciudadano de Mozambique y de Estados Unidos son mínimas, pero el metabolismo cultural de uno y otro es muy distinto. La situación actual, en la que sólo una quinta parte de la población mundial consume energía a un ritmo frenético, ya está causando problemas graves en el entorno natural. Tendríamos que plantearnos qué pasaría si las cuatro quintas partes restantes de la población exigieran su derecho a consumir lo mismo que consumimos nosotros.

Hemos llegado a una situación en la que cualquier actividad depende necesariamente de aportes energéticos adicionales. El desarrollo de la actividad industrial a principios del siglo pasado supuso una revolución energética que no se limitó al sector industrial, sino que modificó también la vida cotidiana y la agricultura. El hombre vio que el uso de la energía externa facilitaba el trabajo y, en muchos casos, aumentaba la producción. Este razonamiento es válido bajo un punto de vista humano, pero si analizamos el funcionamiento de los ecosistemas nos damos cuenta de que es más importante la eficiencia que la producción. Ser eficiente quiere decir producir el máximo con el menor consumo posible. La naturaleza, más sabia que el hombre, sabe que las fuentes no son ilimitadas y por eso valora más el rendimiento y el equilibrio que la producción. El hombre cree que mientras tenga dinero para pagar, puede utilizar tanta energía como quiera. La energía ha pasado de ser considerada un bien común a ser tratada según las leyes del mercado. Pero, como dice J. Puig i Boix en *Energia: de bé comú a recurs/mercaderia*, un tratamiento que no tiene en cuenta el coste de las fuentes de energía ni los efectos de la contaminación producida por ciertos combustibles nos ha llevado a un sistema energético insostenible.

A lo largo de la historia se han ido diversificando y sofisticando los usos de la energía. Ésta ha proporcionado alimentos y calor, ha permitido modificar materiales y producir otros nuevos, sustituido el esfuerzo humano y animal, ha abierto la puerta a las comunicaciones y la información. Pero por todo eso, no sólo tenemos que pagar una factura económica, sino que ahora tendremos que afrontar el coste ambiental de la revolución energética. La utilización de cada fuente tiene consecuencias medioambientales negativas. La explotación de la madera provoca la deforestación y la erosión del suelo. El uso de combustibles fósiles contamina el agua, el suelo y la atmósfera. La construcción de grandes embalses para aprovechar la fuerza del agua inunda valles enteros, desplaza millones de personas y destruye ecosistemas fluviales. Y la energía nuclear, además de ser un peligro en sí, genera toneladas de residuos radioactivos intratables y con efectos a largo plazo.

¿Es eficiente la agricultura moderna?

Destino de la energía (1.000 kcal/ha)	Agricultura moderna (Estados Unidos)	Agricultura de transición (Filipinas)	Agricultura tradicional (Filipinas)
Maquinaria	4.184	335	172
Combustible	8.983	1.602	—
Abonos	11.071	2.447	—
Semillas	3.410	1.724	—
Irrigación	27.330	—	—
Plaguicidas	1.138	142	—
Manipulación y transporte	8.531	29	—
Consumo total de energía	**64.648**	**6.279**	**172**
Rendimiento (kg/ha)	5.800	2.700	1.250
Rendimiento (kcal/ha)	2.100.000	9.800.000	4.500.000
Eficiencia	**0,32**	**1,55**	**26**

El aumento de la producción de la agricultura moderna se basa en un aumento del consumo de energía. Esta estrategia no es eficiente (el método tradicional es 80 veces más eficiente) ni ecológica. Las nuevas técnicas agrícolas provocan un impacto mayor en el medio ambiente: el abuso de abonos y pesticidas, la utilización de maquinaria contaminante y las extensiones de monocultivos alteran y degradan el entorno natural.

Fuente: Ros, J. «Homo energeticus», Medi ambient, tecnologia i cultura

¿Qué fuente de energía produce menos impacto?

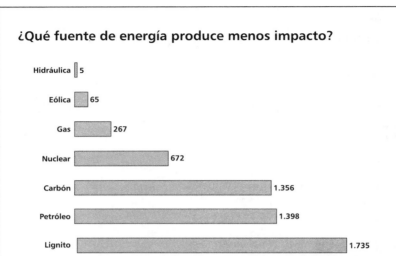

Impacto ambiental de las diferentes fuentes energéticas
(valores en ecopuntos)

Un estudio realizado por una consultora independiente española ha evaluado el grado de impacto ambiental de las diferentes fuentes de energía tradicional. En este estudio, se valora cada una de las tecnologías con ecopuntos, en función de sus efectos negativos sobre el medio ambiente. Los impactos que se han tenido en cuenta son la contribución al calentamiento global, la disminución de la capa de ozono, la acidificación, la eutrofización, la contaminación por metales pesados, las radiaciones o el agotamiento de los recursos energéticos, entre otros. Los resultados del informe son los siguientes:
Para producir la misma cantidad de energía eléctrica, el lignito genera 300 veces más impacto que una fuente hidráulica.

Fuente: Carretero, A., «Energías tradicionales. Un modelo cuestionado»
La Tierra, septiembre de 2000.

Tradicionalmente, se han utilizado energías sucias y contaminantes, como los combustibles fósiles y la energía nuclear, mientras que las fuentes limpias (solar, eólica, biomasa) han quedado en segundo término. La explicación es preciso buscarla en los intereses políticos y, sobre todo, económicos de cada momento. Los combustibles fósiles son una fuente que hay que controlar: quien tiene el grifo tiene el poder, y quien no tiene acceso a éstos tiene la pobreza. La implantación de energías limpias, además de necesaria desde un punto de vista ambiental, abre un nuevo panorama económico: todos los países pueden tener acceso a la energía del sol y el viento, los rayos solares todavía no pertenecen a ningún estado. Este nuevo modelo energético podría ser la base de un esperanzado reparto equitativo y de la igualdad de oportunidades para todos. Ahora sólo falta la voluntad de llevarlo a cabo.

3.2 Consecuencias del consumo irracional de energía

Los combustibles fósiles son la principal fuente energética mundial. El petróleo representa el 36% del consumo primario, y el 42% del consumo final es de productos derivados del petróleo. La quema de combustibles fósiles produce el 80% de las emisiones de dióxido de carbono (CO_2), dióxido de azufre (SO_2) y óxidos de nitrógeno (NO_x). La mayoría de estas emisiones proceden de sectores como el de fabricación de electricidad, la industria y el transporte. El dióxido de carbono es el responsable más importante del efecto invernadero. Los óxidos de nitrógeno y azufre provocan la lluvia ácida que contamina lagos y ríos. A pesar de la evidencia de los múltiples efectos perjudiciales del uso de combustibles fósiles, el consumo sigue en aumento. Según datos extraídos de A. Carretero en «Energías tradicionales. Un modelo cuestionado», en España, en el año 1999, la demanda de petróleo aumentó un 4,5%, la de carbón, un 5%, y el gas natural, fuente en expansión sobre todo en el sector doméstico e industrial, se incrementó en un 14,7%. Si no se hace un esfuerzo global, las emisiones continuarán au-

Evolución de la temperatura media del planeta y las emisiones de CO_2

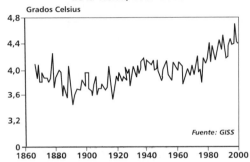

Temperatura media del planeta en la superficie de la Tierra, 1867-2000

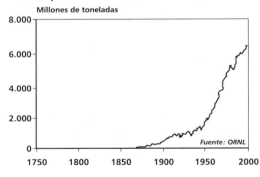

Emisiones de carbono a la atmósfera procedentes de la quema de combustibles fósiles, 1751-2000

En los últimos años, la comunidad científica ha podido establecer una relación clara entre el incremento de las emisiones de CO_2 y el aumento de la temperatura media de la Tierra. El CO_2 es un gas natural de la atmósfera, pero las actividades humanas (transporte, industria, calefacción...) han provocado que los niveles atmosféricos se hayan disparado.

Fuente: Flavin, C. et al. «El estado del mundo 2002»
Worldwatch Institute, 2002

mentando hasta llegar a duplicar los niveles preindustriales antes del año 2100, lo que puede generar una subida de la temperatura global entre 1 y 3,5 °C.

En el año 1996, el informe del IPCC (Panel Intergubernamental sobre el Cambio Climático) dejaba constancia de que en el cambio climático se veía «una clara influencia humana». El mismo informe del año 2001 decía: «el grueso del calentamiento de los últimos 50 años es atribuible a las actividades humanas». En 5 años, la precaución científica ha pasado de una «clara influencia» a una «atribución» inapelable. Ahora ya no cabe discutir sobre las causas: las emisiones de carbono, producto de la actividad humana, son las responsables del cambio climático. A pesar de la evidencia, siguen aumentando. Hasta los países que participan en las negociaciones del Protocolo de Kioto continúan emitiendo por encima de los límites permitidos. Partiendo de la base de que los acuerdos de Kioto son sólo un primer paso y que, desde un punto de vista ecológico, resultan poco ambiciosos, el hecho de que algunos países no respeten ni siquiera estos acuerdos no es muy esperanzador. No parece que los gobiernos estén dispuestos a reducir las emisiones ni a efectuar un cambio en las políticas energéticas. España es un ejemplo claro: en las negociaciones de Kioto consiguió que se le permitiera aumentar las emisiones un 15% en el año 2112 con respecto a los niveles de 1990. En el 2000, ya las había incrementado un 25%.

El Grupo de Asesores de las Naciones Unidas sobre gases de efecto invernadero ha establecido «ecolímites». Los ecolímites son los valores máximos que pueden alcanzar los diferentes parámetros ambientales tales como la temperatura, el nivel del mar o la concentración de CO_2 en la atmósfera sin comprometer los ecosistemas naturales y las poblaciones humanas. El ecolímite fijado para el aumento de la temperatura es de 1° C y, para el nivel del mar, de 20 centímetros sobre el valor del año

1990. Para que los valores de temperatura y nivel del mar se mantengan dentro de estos límites, la concentración de CO_2 en la atmósfera se debe mantener por debajo de 350 ppm (partes por millón). Con este dato, Greenpeace ha calculado la cantidad de carbono que se puede quemar sin superar el valor de 350 ppm de CO_2 en la atmósfera: 225.000 millones de toneladas. Si se mantiene el ritmo actual de consumo, esta cantidad de combustible durará 40 años. Poner en práctica alternativas energéticas ya no es una opción, sino una necesidad.

Sin embargo, las reservas de combustibles fósiles de la naturaleza son, como mínimo, 4 veces superiores al límite de 225.000 toneladas. Para las multinacionales petroleras, estas reservas son un negocio que no pueden dejar escapar. Además, como siguen desarrollando e invirtiendo en nuevas tecnologías que llegan cada vez más lejos, las reservas explotables no paran de crecer. Las inversiones billonarias que la industria del petróleo efectúa para descubrir y explotar combustibles contrastan con la miseria que invierten en energías renovables. A pesar de que los gigantes del sector, como Shell y BP, se han comprometido a apostar por la energía solar, lo cierto es que las inversiones son mínimas. La cantidad que Shell piensa destinar durante los próximos 5 años a la energía solar representa el 0,4% de su facturación anual. Estas industrias están lejos de considerar las energías renovables como alternativa. BP considera que la energía solar puede ser un complemento, pero en ningún caso un sustituto.

Un estudio de BP demostró que la electricidad solar podía ser competitiva en relación con el carbón y el petróleo si se construía una factoría suficientemente grande para reducir los costes de producción. El coste de la inversión se calculó por la misma cantidad que lo que gastó BP en prospecciones de crudo durante 9 semanas en el año 1998. BP no tiene ninguna intención de construir la factoría. En última instancia, son los gobiernos los que tienen la palabra, ya que disponen del poder de

El petróleo y la destrucción de la selva amazónica

Las multinacionales del petróleo están jugando un papel muy importante en la destrucción de la selva amazónica. El descubrimiento de yacimientos en el subsuelo de la selva fue el inicio de una serie de explotaciones que han modificado radicalmente el paisaje, tanto ecológico como económico y social, de muchos países de América Latina. Colombia, Ecuador, Perú, Bolivia, entre otros, sufren las graves consecuencias de la actividad de compañías multinacionales como Shell, Texaco o Repsol-YPF. Sólo la exploración de crudo comporta la construcción de miles de kilómetros de caminos, centenares de explosiones que erosionan el suelo de los bosques tropicales y ahuyentan a los animales. Cada pozo que se perfora produce una media de 4.000 m³ de residuos tóxicos depositados en piscinas de tierra a cielo abierto sin ningún tipo de precaución. Si se encuentra petróleo, se inicia la fase de producción. Todos los días se generan 4 millones de galones de residuos tóxicos y hay un riesgo elevado y permanente de vertidos accidentales que contaminan el suelo y las fuentes de agua de la selva. Toda esta contaminación tiene efectos sobre la salud de las poblaciones indígenas de las zonas afectadas. Diferentes estudios médicos efectuados en Ecuador han demostrado que en las comunidades afectadas hay más prevalencia de enfermedades, tales como irritaciones en la piel, ojos y nariz, gastritis, diarreas y dolores de cabeza. También se ha constatado que el riesgo de cáncer y el número de abortos naturales en las mujeres son superiores que en las regiones no contaminadas.

Otro aspecto del problema es a qué bolsillos van a parar los beneficios de las explotaciones. Evidentemente, a las poblaciones autóctonas no. En Ecuador, antes de 1972, el porcentaje de población que vivía en condiciones de pobreza era del 47%. Según UNICEF, en estos momentos, después de las grandes inversiones petroleras, el porcentaje se eleva a alrededor del 80%. La deuda externa del país no ha dejado de crecer y el abismo entre los más pobres y los ricos es cada vez mayor. ¿Es éste el

> modelo de desarrollo ejemplar que nos prometieron las industrias cuando se instalaron en estos países?
> *Fuente: San Sebastián, M. «Oro negro en la selva».*
> *El Ecologista, primavera 2001*

conceder licencias para las explotaciones. Por el momento, siguen defendiendo políticas energéticas que suministren la máxima cantidad de crudo a cualquier precio, aunque se horroricen ante la perspectiva y las consecuencias del cambio climático. Mientras continúen con esta contradicción, el cambio climático seguirá siendo una realidad.

En el caso del Gobierno español, según ha declarado el subdirector general de Planificación Energética, las prioridades son dos: pasar del 6 al 12% en el uso de energías renovables como fuente primaria y potenciar las centrales térmicas. J. L. García Ortega, responsable de la Campaña de Cambio Climático de Greenpeace, ha declarado que, aunque las nuevas centrales térmicas utilizan procesos menos ineficientes (ciclos combinados) y combustibles menos sucios (gas natural) que las centrales de carbón, no dejan de ser fábricas de cambio climático innecesarias que aumentarán las emisiones de CO_2. Actualmente, hay proyectadas 38 centrales térmicas nuevas impulsadas por las grandes empresas eléctricas y petroleras: Endesa, Iberdrola, Gas Natural, Repsol, Cepsa, entre otras, que, si se llevan adelante, emitirán más de 82 millones de toneladas de CO_2 al año.

Otra fuente tradicional peligrosa y contaminante es la energía nuclear. En la actualidad hay 430 reactores nucleares repartidos en una veintena de países que producen el 6% del consumo energético mundial. Los problemas principales asociados a esta energía son el peligro catastrófico de accidente y el tratamiento de los residuos radioactivos. Los accidentes que se han producido desde que se construyeron las primeras centrales demuestran que no existe ninguna instalación que garantice la seguridad. El riesgo existe y la magnitud del desastre hace que la población no esté dispuesta a aceptarlo. Todos recordamos Chernobil, en el año 1986, donde se liberaron toneladas de material con una radioactividad 200 veces superior a la de las bombas atómicas de Nagasaki e Hiroshima. En la actualidad aún hay 160.000 km^2 contaminados, 7 millones de personas afectadas, 165.000 muertos y muchas estadísticas más que sólo sirven para que nos preguntemos cómo es posible que todavía haya centrales nucleares en funcionamiento. Al peligro puntual de los accidentes hay que sumarle el riesgo latente de los residuos. En cada una de las etapas del proceso nuclear, desde la extracción de uranio hasta su uso en los reactores, se produce una gran cantidad de residuos de alta peligrosidad para los que no existe tratamiento y que mantendrán su potencial radioactivo durante miles de años. Además de representar un desastre ecológico, las centrales nucleares han sido, y son, un fracaso económico. En todo caso, la cuestión es: ¿cómo es posible que una industria que, desde el principio, se preveía muy poco rentable se abriese camino en el competitivo sector energético? La respuesta podemos encontrarla en una obra que se publicó en 1952, *Energy sources: The Wealth of the World*: «Es muy posible que las centrales nucleares no tengan ninguna oportunidad de demostrar que son económicamente competitivas. Pero debido al interés militar en la energía y a los necesarios controles gubernamentales que se derivan de ello, es muy posible que el funcionamiento de las plantas nucleares esté vinculado con la producción y procesamiento del combustible nuclear con fines militares...» Me parece que no hay que añadir nada más.

3.3 Alternativas al modelo energético tradicional

Producir energía tiene un coste económico, y sobre todo ecológico, muy grande. Por eso, la mejor gestión posible es un consumo basado en el ahorro y el uso eficiente de las fuentes energéticas. Al mismo tiempo, hay que sustituir los combustibles fósiles por energías renovables y no contaminantes. Pero se debe dejar claro que las energías renovables son sólo parte de la solución y que el cambio fundamental debe basarse en la utilización racional de la energía. En este cambio tiene que implicarse todo el mundo. Tan importante es que la industria reduzca el consumo, como lo que hacemos nosotros día a día. Hacer un uso racional de las fuentes energéticas puede parecer algo terriblemente complicado, pero a menudo es suficiente con ir a casa de la abuela y observar cómo desarrolla las tareas más cotidianas. ¿Hace falta una secadora si podemos tender la ropa al sol? ¿Es necesario encender la luz de todas las habitaciones cuando todavía hay luz de día? Las construcciones antiguas también nos pueden dar muchas lecciones sobre cómo aprovechar al máximo las energías gratuitas: una buena orientación puede sacar partido a la luz y el calor del sol y ahorrar electricidad y calefacción; el aislamiento térmico de habitaciones y ventanas nos ahorra el aire acondicionado en verano y la calefacción en invierno. El diseño y la construcción que adoptan este tipo de estrategias se conoce como construcción bioclimática y puede reducir mucho las necesidades energéticas del edificio.

El transporte es responsable del 15 al 20% de los 6.000 millones de toneladas anuales de emisiones de CO_2 procedentes de la actividad humana.

En el año 2010, en el mundo habrá más de 1.000 millones de coches... ¡uno por cada 6 habitantes!

¡El aprovechamiento que hace el motor a explosión de los combustibles fósiles que consume no llega al 30%!

«La apuesta», el reto de los jóvenes para reducir las emisiones de CO_2

«La apuesta» es una campaña europea de educación ambiental que en España está coordinada por el Consejo de la Juventud y la asociación Amigos de la Tierra, y en la Comunidad de Madrid cuenta con el apoyo de la Consejería de Medio Ambiente. Esta campaña es un reto que plantean los jóvenes para frenar el cambio climático. El objetivo es demostrar a los políticos que en 6 meses se pueden reducir en un 6% las emisiones de CO_2 y alcanzar los compromisos adquiridos en el Protocolo de Kioto. Quieren demostrar que frenar el cambio climático es posible y la reducción de las emisiones se puede llevar a cabo a través del compromiso personal y el cambio de hábitos en relación con los recursos energéticos que utilizamos a diario.

Y nosotros, ¿qué podemos hacer?
- Cerremos los grifos cuando no los necesitemos (al lavarnos los dientes o afeitarnos, por ejemplo) y reparemos los grifos que gotean.
- No usemos el inodoro como cubo de basura y reduzcamos la capacidad de la cisterna con botellas vacías o mecanismos apropiados.
- Reguemos durante las horas de menos calor y asegurémonos de que el jardín tenga especies autóctonas del lugar donde vivimos.
- Apaguemos las luces que no sean necesarias y sustituyamos las bombillas normales por otras de bajo consumo.
- Apaguemos los electrodomésticos y aparatos eléctricos cuando no los utilicemos (incluso la opción *stand-by*).
- Cuando cambiemos o compremos algún electrodoméstico o aparato electrónico, escojamos los de bajo consumo.
- Reduzcamos nuestros desperdicios: utilizando papel reciclado o reutilizado y cristal retornable en lugar de latas y plásticos.
- Sustituyamos el papel de aluminio de envolver por fiambreras o papel de estraza.

- Reciclemos la basura separando los residuos orgánicos, cristal, plásticos y metales y tirémoslos en los contenedores correspondientes.
- Revisemos y mantengamos puertas y ventanas cerradas para evitar pérdidas de calor.
- Utilicemos la bicicleta en lugar del coche para trayectos cortos, o el transporte público siempre que podamos. Caminemos, es más sano para nosotros y el medio ambiente.

Fuente: web de la Consejería de Medio Ambiente de la Comunidad de Madrid

El uso de cualquier vehículo a motor no está exento de efectos sobre el ambiente y el paisaje de las ciudades: contaminación atmosférica y acústica, uso ineficiente de energía, consumo de espacio.

A pesar de los inconvenientes que genera el tráfico para el medio ambiente y nuestra salud, la comodidad e independencia que da el vehículo privado hacen que su uso sea uno de los «malos hábitos» ambientales más difíciles de combatir. Para ser conscientes de los auténticos efectos del uso masivo del transporte privado, podemos calcular qué contribución hacemos con nuestro vehículo privado al cambio climático. Por cada litro de gasolina consumido, un vehículo produce 2,6 kg de CO_2. Si le calculamos una vida útil de 150.000 km, producirá 15 toneladas de CO_2 (sin contar las que produjo durante el proceso de fabricación). El transporte es una de las opciones personales más importantes a la hora de caminar hacia una sociedad más sostenible. Optar por otras formas de movilidad: transporte colectivo, bicicleta, andar, puede resultar muy beneficioso, tanto para el medio ambiente como para nuestro bolsillo. Cuando el uso del coche privado es imprescindible, también hay formas de minimizar su impacto compartiendo coche y trayecto siempre que sea posible.

El Ayuntamiento de Bilbao ha puesto en marcha el proyecto «Compartir coche». Como explican, la idea nació de la voluntad de demostrar a la población que hay otras formas de viajar, incluso en los desplazamientos que deben hacerse en transporte privado. El proyecto se propone poner en contacto a las personas interesadas en compartir coche para realizar el mismo trayecto. Se pretende que los ciudadanos utilicen más racionalmente el vehículo y, de paso, se disminuya la contaminación del aire y se mejore el uso del espacio en la ciudad. Por último, y aunque parezca ciencia-ficción, los coches que utili-

Electrodomésticos eficientes

ESQUEMA DE CONSUMOS

	bombillas de ahorro enegético	lavado en frío o lavadora bitérmica	refrigerador de alta eficiencia (150 l)	congelador de alta eficiencia (350 l)	otros consumos	TOTAL
consumo diario de una vivienda con aparatos de alta eficiencia	400 Wh	300 Wh	350 Wh	650 Wh	400 Wh	2.100 Wh/día
consumo diario de una vivienda con aparatos de baja eficiencia	bombillas de incandescencia 2.000 Wh	lavado con agua calentada eléctricamente 1.800 Wh	refrigerador normal 1.100 Wh	congelador normal 3.000 Wh	otros consumos 400 Wh	TOTAL 8.300 Wh/día

Los electrodomésticos de consumo eficiente se caracterizan por ofrecer las mismas prestaciones que los convencionales y un consumo energético más bajo. Estos electrodomésticos son más caros pero, como una vez instalados consumen menos, la inversión se recupera y finalmente resultan más rentables.

Fuente: Tríptico editado por el Ayuntamiento y la Diputación de Barcelona
«Per a l'estalvi i l'eficiència energètica. Energies renovables»

zan combustibles limpios, como el hidrógeno, el biogás o la energía solar, ya son una realidad y, en un futuro no muy lejano, podrán representar una alternativa viable a los contaminantes motores de combustión.

Las energías renovables son una alternativa viable a las fuentes tradicionales. La energía eólica depende de la fuerza del viento y su constancia. El potencial de utilización del viento para producir energía es muy grande. Hay tres tipos de instalaciones de energía eólica: aeromotores para el bombeo de agua, aerogeneradores no conectados a la red eléctrica local que se utilizan para cargar baterías o para el suministro eléctrico en zonas poco comunicadas y, por último, aerogeneradores conectados a la red. Éstas últimas son las instalaciones más rentables porque evitan el coste de almacenamiento de energía. Como permiten la distribución hacia las zonas de más consumo, se espera que su uso aumente mucho durante los próximos años. Los parques eólicos han generado controversias en algunos sectores sobre su impacto ambiental. A menudo se critica el efecto visual y el impacto paisajístico que puede ocasionar una hilera inacabable de aerogeneradores, y las repercusiones negativas que puede tener sobre las aves. Lo cierto es que, haciendo una valoración global, la energía eólica resulta, junto con la solar, la fuente menos perjudicial para el medio ambiente. Al margen de los inconvenientes citados, la energía eólica tiene muchas ventajas: no es contaminante, ocupa poca superficie de suelo y los parques eólicos son reversibles y compatibles con otras actividades como la agricultura o la ganadería.

La gran ventaja de la energía solar es que la radiación llega a todas partes y es gratuita. La infraestructura necesaria para convertir esta radiación en electricidad o calor es relativamente sencilla y manejable. Lo que hace posible el autoabastecimiento de los lugares donde difícilmente pueden llegar otras fuentes. Los usos de la radiación solar son dos: la producción de calor (energía solar térmica) y la generación de electricidad (energía solar fotovoltaica). Para transformar la radiación solar en calor se utiliza un mecanismo muy sencillo: un cuerpo negro metálico absorbe los rayos solares y se calienta. Este calor se utiliza para aumentar la temperatura del agua de un acumulador. De esta forma, se aprovecha la energía del sol para hacer funcionar sistemas de calefacción y refrigeración, para climatizar piscinas, agua caliente sanitaria, etc. Los captadores solares térmicos son el sistema más sencillo y barato para aprovechar la energía solar en casa.

La energía solar fotovoltaica produce corriente eléctrica. La luz solar se transforma en electricidad sin contaminar ni hacer ruido, y sin necesidad de combustible. La energía solar fotovoltaica tiene muchas aplicaciones: bombas de agua, suministro eléctrico de viviendas aisladas, instalaciones de equipamientos públicos, etc. Hay dos tipos de instalaciones fotovoltaicas: las autónomas y las conectadas a la red eléctrica. Las primeras producen electricidad para consumo propio. Las que están conectadas, en cambio, vierten la electricidad que producen a la red general. Los ciudadanos que tienen paneles fotovoltaicos conectados tienen dos contadores de electricidad. Uno para la energía que producen y otro para la que consumen. Si producen más energía de la que gastan, la compañía tiene que comprarles el excedente a un precio fijado.

La radiación solar que recibe la Tierra es suficiente para satisfacer la demanda energética mundial. España, por su situación geográfica, es un país privilegiado en este recurso. Pero el uso que hacemos de la radiación solar está muy por debajo de sus posibilidades. En España hay instalados 8,14 m^2 de paneles solares por cada 1.000 habitantes. Países como Alemania y Austria, con niveles de insolación muy inferiores al de la Península, tienen 125 y 105 m^2 de instalación solar por millar de habitantes. El Plan de Fomento de las Energías Renovables, aprobado por el Gobierno en 1999, prevé un aumento de la implantación de fuentes renovables, en concreto, solares. A

Instalaciones de energía solar térmica y fotovoltaica

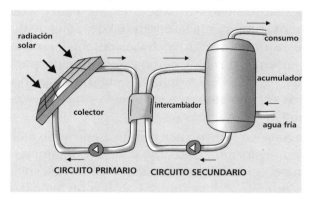

Una instalación de 4 m² de captadores solares y 300 litros de acumulación de agua caliente pueden suministrar suficiente energía calorífica a toda una familia. La reducción en las facturas de luz y gas hace que, en un plazo inferior a 5 años, se amortice la instalación.

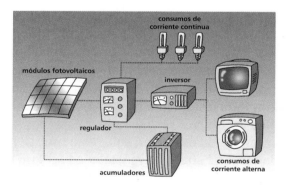

Los paneles solares fotovoltaicos están formados por células de silicio, material que transforma la energía del sol en energía eléctrica.

pesar de que las previsiones del Plan son bastante buenas, el ritmo de instalación de paneles solares durante los últimos 2 años genera ciertas dudas sobre la auténtica voluntad del Gobierno en materia energética.

La energía solar y la eólica son las alternativas más potentes a las energías tradicionales, pero hay otras fuentes limpias y renovables que pueden tener buenas aplicaciones a escala local. Los pueblos de África y Asia utilizan mucho la biomasa. Con la materia orgánica residual (estiércol, restos forestales o de las podas, residuos sólidos urbanos) y las plantas cultivadas con este fin se produce combustible de uso doméstico. En el norte de Europa, la energía geotérmica que se obtiene del calor del interior de la Tierra se utiliza para calentar agua, para calefacción y hasta para producir electricidad.

Biogás en África

El biogás es un combustible limpio que se obtiene a partir de la fermentación de la materia orgánica (restos vegetales, animales, residuos, etc.). Algunas ONG españolas colaboran en la construcción de plantas de biogás en comunidades aisladas de África. Estos proyectos suponen una clara mejora medioambiental y de la calidad de vida de las mujeres. Gracias a la construcción de plantas de biogás se reducirá el uso de leña, eliminando así uno de los trabajos cotidianos más pesados que suelen hacer las mujeres. El uso del biogás reduce el problema de la falta de energía doméstica y permite además la obtención de abonos para los cultivos.

Capítulo 4
Aire. La recuperación de una atmósfera limpia

Cada día, cada hora, cada minuto que pasa se emiten infinidad de partículas y moléculas contaminantes a la atmósfera. Los contaminantes se acumulan y tienen consecuencias negativas, tanto para el medio natural como para los seres humanos. La contaminación urbana, el agujero de la capa de ozono, la lluvia ácida y el cambio climático son algunos de los fenómenos provocados por la actividad humana que ahora nos amenazan. Sólo un cambio de mentalidad puede enmendar los daños causados a la atmósfera. Hay que modificar los hábitos cotidianos y los procesos de producción, prohibir las sustancias contaminantes prescindibles y regular el uso de las imprescindibles, y hacerlo globalmente.

4.1 Atmósfera y contaminación

La atmósfera es el envoltorio gaseoso de la Tierra. Se extiende desde la superficie terrestre hasta más de 1.000 kilómetros de altura. El aire es la mezcla de gases que forma la atmósfera. Aunque su composición no es en absoluto fija y constante, en general se puede afirmar que el aire está formado por un 78% de nitrógeno, un 21% de oxígeno, un 0,9% de gases nobles y el 0,1% restante de carbono. La composición de la mezcla de gases y las variaciones de temperatura diferencian las siguientes capas atmosféricas:

- Homosfera (desde la superficie hasta los 100 km de altura).
  Troposfera (desde la superficie hasta los 10 km de altura).
  Estratosfera (desde los 10 hasta los 20 km de altura).
  Mesosfera (desde los 20 hasta los 100 km de altura).
- Heterosfera (a partir de los 100 km de altura).

La contaminación atmosférica es la presencia de sustancias en el aire con unos niveles superiores a los naturales. La contaminación puede deberse a causas naturales, como las erupciones volcánicas, o a actividades humanas. De estas últimas, las principales son el tráfico y la industria. Los efectos de la contaminación atmosférica se manifiestan, tanto a escala local, como global. La polución de la atmósfera baja provoca episodios de contaminación más o menos permanentes en las grandes ciudades. Cuando la contaminación altera las capas altas, los fenómenos dejan de ser locales y las consecuencias se manifiestan globalmente y en lugares alejados de las fuentes emisoras. En estos casos, encontrar soluciones resulta complejo y hay demasiados factores implicados y pocas ganas de asumir responsabilidades y compromisos. El cambio climático, el agujero de la capa de ozono y la lluvia ácida son las principales amenazas para la atmósfera. Los científicos han alertado una y otra vez de la gravedad de la situación. Pero para muchos políticos no es razón suficiente; aún hay demasiados intereses económicos que impiden poner manos a la obra.

Principales contaminantes atmosféricos

Contaminantes atmosféricos	Fuentes generadoras	Efectos
Partículas sólidas totales (PST)	Centrales térmicas, combustión de carburantes, vehículos a motor (sobre todo los que utilizan gasolina), quemas agrícolas, refinerías, extracción de áridos, fábricas de vidrio y cerámica, incineradoras.	En concentraciones elevadas son perjudiciales para la salud. Relacionadas con enfermedades respiratorias y cardíacas.
Dióxido de azufre (SO_2)	Refinerías de petróleo, vehículos a motor (sobre todo los de gasóleo), centrales térmicas, combustión de carburantes, cementeras.	En atmósferas húmedas se transforma en ácido sulfúrico, uno de los causantes de la lluvia ácida.
Dióxido de nitrógeno (NO_2)	Centrales térmicas, combustión de carburantes, tráfico, incineradoras, cementeras, refinerías.	En atmósferas húmedas se transforma en ácido nítrico, uno de los causantes de la lluvia ácida.
Monóxido de carbono (CO)	Tráfico (sobre todo vehículos que utilizan gasolina), centrales térmicas, incineradoras, combustión de carburantes, quemas agrícolas, refinerías.	Gas indicador de tránsito.
Compuestos orgánicos volátiles (COV)	Tráfico, depuradoras, combustión de materia orgánica, industria (química, de pinturas y disolventes, y de curtidos).	Intervienen en la formación de la niebla fotoquímica.

Dióxido de carbono (CO_2)	Todas las fuentes de combustión.	En concentraciones elevadas en la atmósfera baja puede ser perjudicial para la salud. Gas de efecto invernadero.
Ozono (O_3)	Contaminante secundario, se forma a partir de los óxidos de nitrógeno y los hidrocarburos por acción de la radiación solar.	Tiene efectos oxidantes sobre los materiales e irritantes para las mucosas de los animales.
Compuestos clorados (HCl, CFC, Cl_2)	Industrias químicas y petroquímicas. Los CFC se usan en los pulverizadores de los aerosoles, en los sistemas de refrigeración y aire acondicionado.	Los CFC y otros derivados clorados son compuestos que intervienen en la destrucción de la capa de ozono.
Plomo (Pb)	Vehículos a motor (sobre todo los que utilizan gasolina), fundiciones, fábricas de cerámica.	

Fuente: www.gencat.es/mediamb/, y otras

4.2 Humo y ruido en las ciudades

La Organización Mundial de la Salud (OMS) sostiene que la contaminación atmosférica originada sobre todo por el tráfico provoca cada año en Europa 32.000 muertes y 25 millones de casos de enfermedades respiratorias. En las ciudades, el crecimiento del número de vehículos nos está llevando a una situación irrespirable. Los motores emiten humos negros, hidrocarburos, óxidos de azufre, monóxido de carbono, óxidos de nitrógeno y plomo que contaminan el aire urbano y generan

---

Grandes ciudades, grandes problemas

«La calidad de vida de las grandes ciudades ha empeorado sistemáticamente debido a un crecimiento exagerado. Deben aceptarse con resignación la contaminación, el ruido, la violencia y la suciedad incontrolables como condición del ambiente urbano. América Latina tiene alguna de las grandes ciudades del mundo. México DF, Buenos Aires, Sao Paulo, se han convertido en núcleos urbanos de un tamaño que excede el razonable: más de 10 y hasta 20 millones de habitantes. El control de sus problemas por parte de las instituciones públicas es prácticamente imposible. Producen montañas de basura. Una concentración de residuos y afluentes difíciles de absorber y eliminar contaminan ríos, lagos y cuencas. Los humos de los coches y otros vehículos ensucian incluso el aire que se respira.»

Fuente: Fragmento extraído del artículo del mismo título de Bayardo, L.
(El Nuevo Diario, Managua, Nicaragua)

---

problemas de salud en la población. Recientes estudios de todo el mundo demuestran que hay una relación entre la exposición a corto plazo a partículas y otros contaminantes emitidos por los coches y el incremento de ingresos y muertes por causas respiratorias y cardiovasculares. Estos trastornos afectan a la población susceptible que ya sufre algún problema pulmonar crónico. Pero también existen estudios que apuntan que la contaminación tiene efectos a largo plazo sobre la población, de entrada, totalmente sana. La solución al problema de la contaminación atmosférica en las ciudades está en nuestras manos. El uso que los ciudadanos y ciudadanas hacemos del vehículo privado determinará en gran medida la calidad del aire de nuestras ciudades.

La movilidad sostenible se basa en la elección del medio de transporte menos contaminante en cada situación. Si el trayecto lo permite, podemos movernos caminando o en bicicleta y

---

¿Cómo podemos ahorrar energía y contaminar menos con el transporte?

Utiliza el transporte público. El autobús precisa 50 veces menos espacio por pasajero transportado y consume 15 veces menos energía que un coche particular.

Si fuéramos a pie en todos los desplazamientos inferiores a 2 km, podríamos hacer ahorrar a España casi 1.000 millones de litros de combustible al año.

Nuestro vehículo puede llegar a consumir hasta un 30% más de combustible si el sistema de arranque y alimentación no está correctamente ajustado.

• Evita aceleradas y frenadas bruscas, consumirás menos combustible.

• Siempre que sea posible, comparte el coche.

Fuente: Agencia Energética Municipal de Valladolid

---

si es demasiado largo, podemos optar por el transporte público. El vehículo privado hay que reservarlo para los casos en los que no haya otra alternativa, y aun así debemos intentar sacarle el mayor provecho y reducir al máximo la contaminación que produce. Se pueden hacer diferentes actuaciones con este fin: mantener el coche en buenas condiciones y asegurarnos de que pasa los controles de gases de la ITV, utilizar biocarburantes que tienen un poder calorífico similar al de los combustibles fósiles y, en cambio, son mucho menos contaminantes. Si tenemos que comprar un coche, es importante saber que los motores diesel, en general, son menos contaminantes que los de gasolina y, si no es ese el caso, por lo menos podemos llenar el depósito de gasolina sin plomo.

El ruido es un problema creciente en las ciudades. Esta contaminación se debe principalmente a los vehículos de motor (causantes de un 80% de la contaminación total) y, en menor grado, a las industrias, ferrocarriles y establecimientos públicos. Según la OCDE, 130 millones de habitantes de la Unión Europea sufren un nivel de ruido por encima del límite establecido por la OMS (65 decibelios). La contaminación acústica deteriora la calidad de vida de una ciudad y tiene además efectos directos sobre la salud: disminuye la capacidad auditiva, acentúa el nerviosismo y la irritabilidad, e interfiere durante las horas de sueño y descanso.

4.3 El agujero de la capa de ozono

La capa de ozono está a unos 20 o 25 kilómetros sobre nuestra cabeza. En la estratosfera hay una región en la que la concentración de moléculas de este gas es superior a la del resto de la atmósfera. Ha sido un elemento determinante para que en la Tierra se desarrollara la vida, tal como la conocemos hoy en día. La radiación solar tiene dos caras: por un lado, es un elemento imprescindible para la vida, pero por otro, la radiación ultravioleta del sol altera el funcionamiento de las células de los seres vivos. El ozono actúa de filtro: deja pasar parte de la radiación y refleja la luz ultravioleta.

En los años 70, ya existía la preocupación de que ciertos productos químicos pudieran destruir el ozono de la atmósfera. En el informe de 1984 sobre la Antártida Británica se habló por primera vez de un agujero en esta capa. Hoy en día, no hay duda de que existen moléculas producto de la actividad humana que llegan a las zonas altas de la atmósfera y reaccionan con el ozono. Por ello, la capa de ozono es cada vez más fina e incluso desaparece del todo en algunas zonas. Los principales causantes de la destrucción son los clorofluorocarbonos (CFC) y otros derivados del cloro, que se utilizan en los vaporizadores de los aerosoles, las espumas y en las unidades de refrigeración y aire acondicionado. Un átomo de cloro en la estratosfera es capaz de destruir hasta 100.000 moléculas de ozono. Sin este gas en la atmósfera alta, todos los seres vivos sufriremos las consecuencias: el aumento de la radiación ultravioleta alterará el metabolismo de plantas, animales y bacterias. Los principales efectos sobre la salud humana son el aumento de la incidencia de cánceres de piel, de cataratas y mayor susceptibilidad del sistema inmunitario.

En el año 1987, se firmó el Protocolo de Montreal para regular las emisiones de las substancias causantes del agujero de la capa de ozono. Muy pronto se vio que los acuerdos de Canadá eran insuficientes y había que avanzar los plazos de eliminación de las sustancias: en Londres se enmendó el Protocolo y se fijaron nuevas fechas límite. Los estados miembros de la Unión Europea establecieron una prohibición total de fabricar, importar o consumir productos derivados del cloro implicados en la destrucción de la capa ozono, que entró en vigor en 1995. Para los países en vías de desarrollo se fijó el año 2010 como fecha límite para acabar con la producción de CFC. Pero la prohibición no solventa el problema, porque los CFC pueden mantenerse activos hasta al cabo de 80 años de ser emitidos. Organizaciones ecologistas españolas denuncian que, desde la prohibición, ha entrado en funcionamiento un mercado negro que se calcula en 25.000 toneladas al año y que proporciona CFC a edificios y automóviles que todavía funcionan con estos productos.

4.4 La lluvia ácida

La acidificación de los suelos y lagos es una de las consecuencias más graves de la lluvia ácida. Las precipitaciones riegan las cuencas fluviales y se filtran por la superficie y el interior de la tierra. En los lugares en los que el suelo contiene sales como el carbonato de calcio o el carbonato de magnesio, la acidez del agua en parte se neutraliza. Pero incluso en los suelos des-

La lluvia ácida

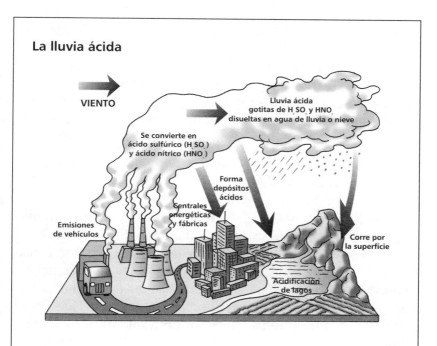

Los vehículos a motor, las centrales térmicas, la combustión de carburantes y las cementeras son las principales fuentes generadoras de dióxido de azufre (SO_2) y óxidos de nitrógeno (NO y NO_2). Estos gases en la atmósfera húmeda reaccionan y dan lugar a compuestos ácidos: ácido sufúrico (H_2SO_4) y ácido nítrico (HNO_3). Los ácidos se disuelven en el agua de la lluvia y caen sobre la superficie terrestre formando depósitos sobre los materiales y vegetales y acidificando ríos y lagos.

critos, la persistencia de las precipitaciones ácidas hace que se agote la capacidad neutralizadora y, finalmente, tanto la tierra como los lagos donde van a parar las aguas acaban acidificándose. La acidificación comporta la eliminación de la vida: ni los peces, ni los anfibios, ni los reptiles, ni los vegetales pueden sobrevivir en lagos o suelos tóxicos. En Suecia, Noruega, Reino

Unido o América del Norte, muchos de los lagos de aspecto cristalino en realidad tienen esta apariencia porque la toxicidad de las aguas ni siquiera permite que crezcan algas. Para contrarrestar los efectos de la lluvia ácida y recuperar la neutralidad, se vierten sustancias alcalinas, pero muchos estudios demuestran la baja eficacia de estos métodos y la enorme dificultad que representa recuperar la salud de suelos y aguas.

4.5 El efecto invernadero

El cambio climático ya se está manifestando con un aumento global de la temperatura y una acentuación de los fenómenos climáticos extremos. Las sequías y las tormentas serán más prolongadas e intensas. Los países más pobres, al disponer de menos infraestructuras para responder a las necesidades humanas y ecológicas, serán los principales afectados. Éste es el precio que tendrá que pagar el Sur para que el Norte pueda mantener su ritmo de «desarrollo». Pero no sólo los seres humanos sufriremos las consecuencias: el aumento de la temperatura, la alteración del régimen de lluvias y la subida del nivel del mar alterarán la distribución de ecosistemas y especies. En muchos casos, se sospecha que los seres vivos no podrán adaptarse con suficiente rapidez. Un tercio de los habitantes del planeta podrían desaparecer. Hay ecosistemas que, por su situación y fragilidad, son especialmente vulnerables. Los humedales costeros, los arrecifes de coral y los glaciares son algunos de los afectados principales.

La Organización Meteorológica Mundial y el Programa de las Naciones Unidas para el Medio Ambiente crearon el Panel Intergubernamental sobre Cambio Climático (IPCC), una comisión formada por científicos de todo el mundo, encargada de investigar las causas, consecuencias y evolución del cambio climático. En el año 1994, entró en vigor el Convenio Marco

El efecto invernadero

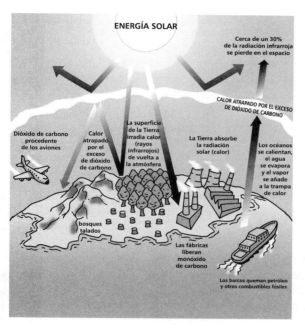

El efecto invernadero de la atmósfera es un proceso natural sin el cual la radiación solar reflejada por la superficie terrestre se perdería en el espacio y la Tierra sería un planeta demasiado frío para vivir. El problema es el exceso de gases de efecto invernadero (Dióxido de carbono [CO_2], metano [CH_4], dióxido de nitrógeno [NO_2] y algunos compuestos del flúor) que el ser humano envía a la atmósfera. La deforestación, la agricultura, la ganadería y, sobre todo, la quema de combustibles fósiles producen 20.000 millones de toneladas de CO_2 al año. El cultivo de arroz, los rebaños de animales y los vertederos producen grandes cantidades de CH_4. El uso abusivo de fertilizantes químicos ha disparado las emisiones de óxidos de nitrógeno. Todos estos gases alimentan positivamente el efecto invernadero natural de la atmósfera y provocan el cambio climático.

El uso de la energía

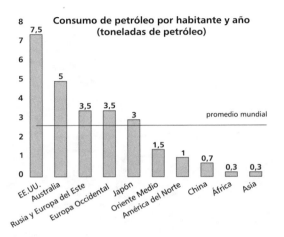

Según datos extraídos de *1996, año de la erradicación de la pobreza*, de Vallescar y Almansa, la población de los países industrializados representa el 20% de la población mundial, pero consume 10 veces más energía comercial que el resto de los países, produce el 70% de las emisiones de CO_2 y el 68% de los residuos industriales del mundo.

Fuente del gráfico: Harper, P., «Renewable Energy and the Future», 1996

de la Naciones Unidas sobre Cambio Climático, firmado dos años antes en Río de Janeiro. En el año 1997, se celebró otra cumbre mundial sobre esta cuestión en Japón, donde nació el Protocolo de Kioto para la reducción de los gases de efecto invernadero. Las medidas que se adoptaron fueron la reducción para el período 2008-2012 de un 5,3% de las emisiones respecto a los valores de 1990. Esta reducción no se repartió de forma homogénea entre todos los países: se acordó que la UE reduciría un 8% sus emisiones, EE.UU., un 7%, y Japón, un 6%. Para que este protocolo entre en vigor, hace falta que lo ratifiquen, por lo menos, los países productores del 55% de las emisiones totales de gases de efecto invernadero.

En mayo de 2001, Estados Unidos, causante del 30% de las emisiones, se retiró de las negociaciones y se ha negado reiteradamente a ratificar el Protocolo. En noviembre del mismo año, se celebró en Marrakesh el COP-7, la Séptima Conferencia de los Participantes sobre el Tratado del Cambio Climático. Durante esta reunión, se redactaron los textos jurídicos definitivos del Protocolo. Los grupos ecologistas se quejaron de las concesiones que se habían acabado por hacer al grupo «paraguas», integrado por Canadá, Japón, Rusia y Australia, entre otros, apoyados por Estados Unidos. Los acuerdos, de por sí poco ambiciosos, que se habían firmado en Kioto, se rebajaron aún más. Los textos definitivos incluyen la propuesta de Estados Unidos de poder comprar cuotas de emisión a los países que emiten por debajo de los niveles permitidos y la aceptación de que el desarrollo de proyectos para el medio ambiente sea una manera de reducir las emisiones. Es decir, que la plantación de bosques o la transmisión de nuevas tecnologías a países que no las puedan pagar se podrán descontar del balance de emisiones del país. Todas estas trampas generan la ilusión de que las emisiones se reducen cuando, en realidad, no paran de aumentar. En Johannesburgo, en septiembre de 2002, China, Rusia y Canadá se comprometieron a sumarse a los países que ya habían aceptado el Protocolo de Kioto y, si cumplen el compromiso, es posible que a principios de 2003 el Protocolo entre en vigor.

A pesar de los acuerdos previos a la ratificación del Protocolo de Kioto, las emisiones de gases de efecto invernadero en España aumentaron un 28,5% entre 1990 y 1999. Los focos más importantes son los procesos de producción y transformación de energía, seguidos por la industria, el transporte, la agricultura y el consumo doméstico (calefacción). En la Península, el cambio climático acentuará las condiciones climáticas: los períodos secos serán más largos y extremos y disminuirán las lluvias, sobre todo en las zonas más áridas. Se incrementará el riesgo de desertización. Por otro lado, se prevé un aumento del número e intensidad de tormentas e inundaciones. Una de las consecuencias más graves del cambio climático es la subida del nivel del mar. Según el Hadley Center, el Instituto de Previsión e Investigación Climática de la Oficina Meteorológica Británica, la subida provocará la desaparición de buena parte de los 3.000 km de playas de la costa española. Tanto los cambios de clima como la desaparición de las playas repercutirán en la afluencia de turistas y, por lo tanto, en la economía del país.

Para combatir el cambio climático es preciso adoptar una nueva estrategia energética, basada en un consumo racional y en la sustitución de los combustibles fósiles por fuentes energéticas limpias. Hay que confiar en la responsabilidad de los ciudadanos, en sus acciones y en su derecho a exigir a los políticos un cambio de enfoque en las políticas energéticas. Es la única arma que puede vencer la influencia y los intereses de los gigantes energéticos. Es preciso tener presente que estas mismas empresas son los principales accionistas de las tecnologías limpias y sólo están a la espera de un mercado con beneficios prometedores para explotarlas. Y el mercado somos nosotros.

Capítulo 5
Suelo. La protección del sustrato terrestre

«El suelo ha sido arrastrado hacia el fondo del mar. Las montañas altas y terrosas, que en el pasado daban apoyo a los altos bosques y los grandes prados, se han transformado en terrenos rocosos y parecen los huesos de un enfermo... En el pasado, el agua de lluvia era útil y no discurría sobre la tierra estéril hasta el mar, como ahora. Se infiltraba y almacenaba en la tierra y se repartía entre los manantiales, las fuentes y los ríos.»

PLATÓN. Escritos de Critias

El estado del suelo no deja de empeorar: la contaminación, la erosión y, en última instancia, la desertización, son procesos que la degradan y alteran su estructura y función. El papel del suelo en los sistemas naturales es clave: contiene los nutrientes y la humedad que hace que crezcan las plantas y es un regulador del ciclo del agua. Para los seres humanos, es la base de las actividades industriales, agrícolas y ganaderas. Un terreno degradado reduce la producción agrícola y afecta la supervivencia de la población. La salud del suelo depende, en gran medida, de las actividades hu-

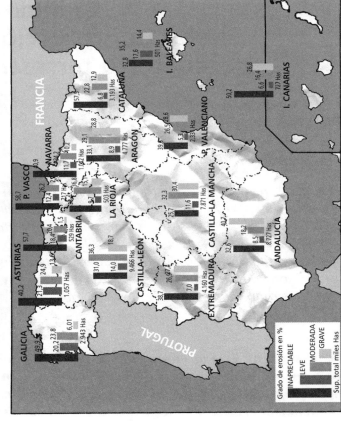

El problema más importante que afecta al suelo de España es la erosión. En las comunidades del centro y el sur del país, más del 50% del territorio sufre un grado de erosión moderado o grave.

SUELO. LA PROTECCIÓN DEL SUSTRATO TERRESTRE

manas: la deforestación, los incendios forestales, la agricultura intensiva y las prácticas industriales irresponsables son las principales causantes de su degradación.

5.1 El estado del suelo

El suelo es un elemento esencial del medio ambiente y del desarrollo de la vida. Además de ser la base de los ecosistemas terrestres, es la reserva de agua y nutrientes para los vegetales y protege las aguas subterráneas. Desde un punto de vista humano, sirve de soporte físico a la agricultura y ganadería y tiene un importante valor económico (urbanismo, extracción de materias primas y actividades de ocio). La formación del suelo es un proceso lento, de miles o centenares de miles de años, y complejo. La estructura del suelo es frágil y de difícil recuperación. Su destrucción es un hecho grave y, en muchos casos, irreversible. Hay fenómenos naturales que contaminan y erosionan, pero son las actividades humanas, como la deforestación y explotación de los bosques, la agricultura y ganadería intensivas y la industria, los principales causantes de la degradación del suelo.

El delicado estado de los suelos europeos, afectados durante décadas de contaminación industrial y agrícola, ha llevado a la Comisión Europea a aprobar una Comunicación sobre Protección de los Suelos. En ella, se describe la situación actual, se definen las prioridades, se sientan las bases para la protección y se defiende una propuesta de ley sobre vigilancia del suelo. Ahora, hay que esperar que los buenos propósitos se pongan en práctica y se traduzcan en acciones y plazos concretos. Algunos grupos ecologistas ya han denunciado que, si realmente hay interés en proteger y conservar, habría que empezar por modificar las prácticas de agricultura intensiva subvencionadas por la Política Agraria Comunitaria (PAC).

5.2 Suelos contaminados

Hoy en día, y sobre todo en los países industrializados, es difícil encontrar un suelo en estado natural. La descontaminación es complicada y costosa. Por tanto, la situación no parece tener visos de mejorar. La contaminación de la tierra está ligada a la de las aguas subterráneas. Los acuíferos discurren por el subsuelo y arrastran los contaminantes, agravando la delicada situación de las reservas de agua. El desarrollo de la industria y la agricultura ha comportado un aumento de producción de residuos que de forma continuada o por accidente, se han liberado al medio. Los principales contaminantes son los metales pesados que se vierten, mezclados con fangos y compuestos orgánicos. En este grupo se incluyen los hidrocarburos y derivados utilizados por el transporte, los plaguicidas, los abonos, el estiércol (residuos de la cría de ganado). La única estrategia sostenible para solucionar el problema de contaminación es prevenirla desde su origen.

Un ejemplo gravísimo de contaminación debida a la irresponsabilidad de una empresa privada es el caso de las minas de Aznalcóllar, el 25 de abril de 1998. En las minas, situadas en la cuenca del río Guadiamar, se extraía zinc, cobre y otros metales. Los residuos se acumulaban en grandes balsas de agua y ésta, una vez depurada, se vertía al río. La rotura del muro de contención de una balsa provocó el vertido de 6 millones de metros cúbicos de fangos y aguas ácidas. La riada tóxica se extendió inundando 4.000 hectáreas, 2.500 de las cuales eran tierras de cultivo, 2.655, parque natural, y 98 pertenecían al Parque Nacional de Doñana. Los fangos contenían gran cantidad de metales pesados: zinc, plomo, arsénico, cobre, antimonio y cadmio, además de pequeñas fracciones de compuestos orgánicos. El vertido tóxico contaminó la atmósfera, parte de los cursos de agua y el suelo de toda la región. Los peces, las aves, los mamíferos y el resto de poblaciones de seres vivos de la zona sufrieron, y sufren, las consecuencias del accidente.

SUELO. LA PROTECCIÓN DEL SUSTRATO TERRESTRE

Consecuencias del accidente de las minas de Aznalcóllar sobre el suelo

De los análisis realizados pocos días después del accidente, se desprendía que en los suelos arcillosos, que eran la mayor parte, la contaminación alcanzó niveles importantes en los 5 primeros centímetros de profundidad y, en algunos casos, llegó hasta los 10 centímetros. En las zonas arenosas, más cercanas a las minas, la contaminación llegó a los 30 centímetros, pero sus efectos se percibían hasta un metro de profundidad. En el mes de julio se empezaron los trabajos de retirada del fango, que no concluyeron hasta el mes de octubre. Después de la retirada, los suelos seguían contaminados. En la región más cercana a las minas, las concentraciones de metales superaban los valores permitidos por todas las normativas legales. La situación obligó a realizar nuevos trabajos de limpieza. Se eliminó todo el suelo fértil y se sustituyó por tierras provenientes de otras zonas. El accidente de las minas de Aznalcóllar no fue inesperado. Hacía años que las organizaciones ecologistas, antiguos trabajadores de las minas y empleados de la antigua Agencia de Medio Ambiente de la Junta de Andalucía denunciaban las precarias medidas de seguridad de las balsas y la contaminación del río Guadiamar causada por las permanentes fugas. Tras el vertido, tanto la empresa titular, Boliden, como las administraciones, hicieron lo posible por eludir sus responsabilidades. En el mes de marzo de 2001, el Juzgado de instrucción de Sanlúcar la Mayor confirmó que el caso quedaba archivado. Boliden ha cerrado y se ha marchado sin ninguna responsabilidad jurídica, y mucho menos moral, dejando atrás una región gravemente contaminada.

Fuente: MacPherson, E. et al. «El accidente de las minas de Aznalcóllar»
Investigación y Ciencia, octubre, 2001

5.3 Erosión y desertización

La erosión causada por el agua, el viento, el hielo y la nieve tiene un papel protagonista en la formación del paisaje. Cuando se habla del problema de la erosión, no se hace referencia a esta erosión natural, sino a la acelerada, provocada directa o indirectamente por la acción del hombre. Cada año se pierden unos 24.000 millones de toneladas de la capa superior de suelo, cantidad que equivale a todo el suelo de los campos de trigo de Australia. Hay cálculos que cuantifican la velocidad de formación del suelo en 0,2 milímetros por año. De estos datos, se deduce que cualquier actividad que produzca una erosión superior a 0,2 mm/año provoca una pérdida y conduce a su desaparición. La deforestación, los incendios, el pastoreo abusivo, la agricultura intensiva, las vías de comunicación, el desvío de ríos y la explotación de canteras son las acciones humanas que más contribuyen a la erosión. Ésta comienza arrastrando la capa más superficial, la más rica en nutrientes y humus. Si la acción continúa, puede llegar hasta la roca madre. El principal agente erosivo es el agua: la lluvia impacta y arrastra el fango hasta los ríos. La calidad del agua de una cuenca está estrechamente relacionada con el estado de conservación del terreno que la rodea: si está degradado y se erosiona fácilmente, el agua estará turbia y contaminada.

La pérdida de la vegetación es una de las causas principales de erosión. La cubierta vegetal tiene un papel fundamental en la conservación del suelo: las raíces de los árboles y plantas lo compactan y retienen, y las copas y hojas amortiguan el impacto de la lluvia sobre la tierra. Cuando, por culpa de la deforestación o los incendios, los árboles desaparecen, el suelo queda desprotegido. Si cae algún chubasco intenso, el impacto de las gotas y la fuerza del agua que se escurre arrastran la capa más superficial del suelo. En el Trópico, los suelos son poco estables y pobres en nutrientes. La intensa deforestación a la que está sometida la selva tropical está acelerando su degradación.

Los incendios forestales

La superficie de bosque en España ha aumentado en los últimos cien años por la disminución de las actividades agrícolas y forestales y el abandono de las tareas de labranza. Árboles y arbustos han ocupado sin orden el espacio cedido por antiguos campos. Los bosques que se forman son inmaduros y contienen gran cantidad de madera, por este motivo son muy vulnerables al fuego. Los grupos que trabajan en la prevención de incendios explican que para que se produzca un fuego hace falta que converjan tres factores: combustible para quemar, condiciones climáticas propicias y una chispa. Los bosques españoles tienen todos estos ingredientes. Para luchar contra los incendios deben combatirse las causas, poniendo énfasis en la investigación, la sensibilización social, la capacitación y los trabajos forestales preventivos (limpieza del sotobosque, poda, etc.). Algunas organizaciones ecologistas piden una ley de incendios forestales que se tome en serio la investigación y evite que las causas y los causantes queden impunes.

La agricultura intensiva potencia las extensiones de monocultivo, el uso de maquinaria agrícola y gran cantidad de productos químicos. Todo ello es un cóctel explosivo para las tierras agrícolas que tienen que soportarla: la maquinaria pesada altera la estructura, el uso de abonos y plaguicidas las contamina y los monocultivos empobrecen la diversidad de los campos. Los métodos tradicionales de cultivo intentaban aprovechar al máximo el suelo fértil disponible, construyendo terrazas en las laderas de las montañas, aplicando rotaciones a los campos, alternando los cultivos y disponiéndolos en forma de mosaico. Estas prácticas reducían la erosión y el agotamiento de los campos. La explosión demográfica y la creciente demanda de alimentos han modificado las prácticas agrícolas tradicionales y han introducido nuevos modelos, insostenibles

---

TESTIMONIO: «...las lluvias, sin los árboles, se habían llevado la riqueza de la tierra»

«Nos obligaron a sacrificar todos los cerdos por la peste porcina. En aquella época, el cerdo era la moneda de cambio y de crédito de todos los campesinos. El Gobierno nos obligó a plantar café, pero las empresas cafeteras pagaban muy poco, era un robo, el campesino veía cómo acababa vendiendo su esfuerzo por casi nada. La gente empezó a talar árboles. La deforestación minó la posibilidad de los campesinos de producir: empezaron a sembrar maíz y alubias, pero la tierra no producía; las lluvias, sin los árboles, se habían llevado la riqueza de la tierra.»

Presidente de la Cooperativa de productores de café Puilboreau (KPKP)
Plezans (Haití)

---

desde un punto de vista ambiental y humano. Los países ricos han implantado el modelo intensivo, y en las zonas sin recursos se intenta sobrevivir quemando la selva y labrando terrenos con pendientes extremas, donde la erosión deja los campos yermos en pocos años. A pesar de que la situación es crítica, no parece que vaya a cambiar. Las políticas de la Unión Europea y Estados Unidos continúan subvencionando con dinero público las prácticas intensivas. Y no sólo eso: venden a precio de saldo los excedentes a los mercados mundiales. Este comercio hunde a los pequeños productores, que practican una agricultura más respetuosa con el medio ambiente y que venden sus cosechas al precio que valen.

La desertización es el último grado del proceso erosivo. El suelo pierde las capas más ricas y fértiles y se convierte en un roquedal. Es un fenómeno habitual en regiones de clima seco y fuerte presión humana. Los efectos del cambio climático incidirán de manera negativa en la conservación del suelo: el aumento de la temperatura y la disminución de las lluvias harán que el clima sea más árido y el suelo más seco. Las tormentas serán imprevisibles e intensas, lo que acentuará su capacidad de arrastrar tierra. En la actualidad, las regiones secas ocupan el 35% de la superficie terrestre, se extienden a lo largo de 48 millones de km². Según cálculos de las Naciones Unidas, un 7% de estas regiones corren un riesgo muy alto de convertirse en desiertos, un 56%, un riesgo alto, y el 37% restante, un riesgo moderado. La desertización comporta, además de una pérdida de la biodiversidad del lugar, una disminución radical de la productividad de los terrenos agrícolas, forestales o ganaderos que la sufren, y pone en peligro la supervivencia de las comunidades naturales y humanas que dependen de ella.

Más de 250 millones de personas están directamente afectadas por la desertización y alrededor de 1.000 millones están amenazadas por este fenómeno. Dentro de las regiones que, por su clima, pueden verse afectadas, cada país y situación económica genera un marco concreto de causas y consecuencias. En los países tecnológicamente avanzados, la desertización está producida por la expansión de las industrias, ciudades y monocultivos, y es sólo un problema medioambiental. En los países más pobres, se trata de un proceso fruto de la lucha por la supervivencia. La falta de alimento obliga a los campesinos a quemar zonas de bosque para obtener campos de cultivo y a cultivar en terrenos con pendientes imposibles. Estas prácticas agotan la riqueza de la tierra y, al cabo de pocos años, los campos quedan yermos, hay que abandonarlos y buscar otros nuevos. La única salida vuelve a ser quemar una nueva parcela de selva o buscar un espacio un poco más alto de la montaña, con un poco más de pendiente que el anterior y aún más fácil de erosionar. En estos países, la degradación del suelo es un problema humano de primera necesidad.

La Convención de las Naciones Unidas ha definido como puntos básicos de la lucha contra la desertización la prevención de la degradación de las tierras, la rehabilitación de las tierras parcialmente degradadas y la recuperación de las tierras desertizadas. El primer punto es el que da mayor margen de actuación y debe llevarse a cabo con acciones concretas que incidan sobre las causas:

- Promocionar una agricultura menos agresiva con el suelo. Lo que no supone volver a las prácticas de la época prehistórica, pero sí racionalizar el uso de maquinaria y productos químicos.
- Controlar la cantidad de cabezas de ganado de los campos de pastoreo.
- Luchar contra los incendios forestales a partir de la prevención.
- Trabajar contra las causas de la tala forestal en los países del sur. Adoptar una postura contraria a la deforestación no es una solución. Si analizamos el origen, veremos que, en la mayoría de los casos, es la pobreza y el hambre; es eso lo que hay que combatir.

El segundo punto pasa por desarrollar programas de recuperación de suelos, lo que debería empezar a ser una de las prioridades medioambientales de las administraciones. España, por sus condiciones climáticas y humanas, es un país afectado por la desertización y puede llegar a sufrirla el 63% de su superficie. Las actuaciones sobre los terrenos agrícolas abandonados son fundamentales para evitar la erosión y degradación. El tercer punto, la recuperación de las tierras desertizadas, es el más costoso, tanto desde el punto de vista técnico como económico. Habría que valorar en cada caso si vale la pena invertir esfuerzos y dinero en ello o si es mejor canalizar los recursos hacia los dos primeros puntos.

5.4 Ordenación y reparto del territorio

El crecimiento económico tiene efectos directos sobre la ordenación del territorio. Cada vez aumenta más la superficie ocupada por las ciudades, industrias e infraestructuras, y disminuye el territorio rural. En China, cada año, 400.000 hectáreas de suelo rural son convertidas en terrenos urbanos e industriales. Se ha entrado en una espiral en la que, para dar servicios a las ciudades, cada vez se construyen más infraestructuras que impulsan la construcción de nuevos núcleos urbanos, y así sucesivamente. La mayoría de las veces, los intereses económicos y la especulación están por encima de la voluntad de conservación del medio natural y hasta los espacios protegidos se ven afectados por la presión urbanística. Hay que fomentar el crecimiento sostenible, ordenar y planificar el territorio y convencer a los políticos de que deben implicarse para equilibrar el crecimiento y desarrollo de los pueblos en relación con la naturaleza. Es preciso impulsar una legislación sobre el suelo que impida llevar a cabo nuevos proyectos urbanísticos y garantice la conservación de los espacios naturales y el medio rural.

¿Tierra para todos? El Movimiento *dos Trabalhadores Ruráis sem Terra* (MST)

La gestión sostenible del suelo lleva implícito el reparto justo de la tierra. En Brasil, en 1996, el 1% de las grandes fincas agrícolas tenía una superficie de más de 1.000 hectáreas. Los dueños eran propietarios del 45% del territorio brasileño, mientras que más de 4 millones de trabajadores rurales no tenían tierra para cultivar. La promesa continua de reforma agraria del Gobierno brasileño hasta ahora sólo se ha materializado en la promoción de grandes negocios agrícolas y la subvención a los agricultores orientados hacia la exportación. La política econó-

---

mica se ha basado en las privatizaciones, la liberalización del comercio y la desregularización de los mercados. En este marco, imposible para la dignidad y la supervivencia humanas, el MST inició en 1995 una ofensiva de ocupación pacífica y organizada de tierras abandonadas. Apoyándose legalmente en una cláusula constitucional que propiciaba la expropiación por parte del Estado de las tierras sin cultivar y su redistribución entre los trabajadores rurales, además de la financiación de los nuevos asentamientos, el MST promueve la instalación de familias sin tierra en estas fincas. El movimiento, desde sus comienzos, contó con el apoyo popular y de organizaciones de derechos humanos y eclesiásticas, sindicatos y algunos partidos políticos. Pero el apoyo de la opinión pública no ha servido para evitar la represión: grupos paramilitares y fuerzas públicas han actuado duramente contra el MST. La corrupción y los vínculos entre los terratenientes y la justicia han dado impunidad a los torturadores: entre 1985 y 1999, 1.158 activistas rurales han sido asesinados, pero sólo se ha juzgado a 56 personas, de las cuales apenas 10 han sido condenadas. Además de la fuerza, el Estado ha puesto en práctica todas las estrategias posibles para eliminar al MST. En 1999, apoyado por el FMI y el Banco Mundial, el Gobierno de Brasil abolió el mandato constitucional que financiaba las expropiaciones y desvió todas las fuentes a una nueva propuesta: el Banco de la Tierra. Este proyecto se basa en la compra de tierras abandonadas y su posterior venta a los agricultores que se ven obligados a firmar créditos para financiar la producción. Una producción que difícilmente podrá competir en los mercados nacionales con los productos importados, mucho más baratos gracias a las ayudas estatales.

Fuente principal: Petras, J., «El movimiento de los sin tierra»

www.ellatinoamericano.net

Capítulo 6
Biodiversidad.
La conservación de
la riqueza biológica

Uno de los principales valores de la naturaleza es la biodiversidad, las formas de manifestarse que tiene la vida. Desde hace más de 2.000 millones de años, cuando aparecieron las primeras células, los seres vivos no han dejado de evolucionar y adaptarse a las variaciones ambientales del planeta. Esta capacidad de cambio y especialización ha dado origen a la diversidad biológica que habita hoy en día la Tierra: insectos, esponjas, reptiles, bacterias, plantas vasculares, líquenes, crustáceos... toda esta variedad es sinónimo de riqueza y de potencial evolutivo. Pero la biodiversidad cada vez está más amenazada. La presión humana degrada los hábitats y, en ocasiones, los destruye por completo. Plantas y animales son capturados por intereses comerciales. El ritmo de extinción de especies se ha acelerado durante este último siglo y, por el momento, no parece que esta tendencia vaya a cambiar.

6.1 Los valores de la biodiversidad

El número de especies que hay en una zona determinada da la medida de la biodiversidad de ese ambiente. La importancia de la riqueza biológica es evidente si hacemos una comparación un poco casera pero clarificadora. Cuando un mecánico tiene una maquinaria amplia, heterogénea y especializada, puede escoger la herramienta más apropiada para cada situación. En cambio, si sólo dispone de unos pocos utensilios, cualquier imprevisto le impedirá acabar su trabajo y sacar adelante el negocio. La vida, igual que el mecánico, debe tener recursos para superar perturbaciones y evolucionar en la dirección más adecuada en cada ambiente. Valorar la biodiversidad implica valorar cada uno de los seres vivos, poblaciones y comunidades que la forman. Es importante aprender a querer la biodiversidad por sí misma, por su propio valor ecológico, y no por los beneficios que se pueden extraer de ella.

La pérdida de la biodiversidad es negativa, se analice desde el punto de vista del que se analice. Desde una óptica humana, y un poco egoísta, significa dejar escapar la oportunidad de descubrir grandes cosas y obtener enormes beneficios. Los ecosistemas representan una fuente de recursos, un cofre de tesoros que, ni la ciencia ni la tecnología más avanzadas se imaginan; escondidos en los bosques tropicales y en los arrecifes coralinos, hay millones de seres vivos que pueden beneficiar al ser humano: nuevos medicamentos para enfermedades hasta ahora incurables, nuevas fuentes de alimento, materiales... Los ecosistemas ocultan mil secretos que tarde o temprano podrán resultar vitales para el hombre. Pero hay otra cara de la moneda, una visión más natural y coherente, más ética y respetuosa: la pérdida de la biodiversidad es un crimen irreparable que el ser humano está perpetrando contra la naturaleza. ¿Qué derecho tenemos a eliminar especies que existen y evolucionan desde hace cientos de miles de años? Se calcula que

Pérdida de la biodiversidad

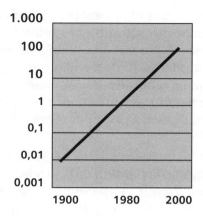

(Los datos del gráfico están expresados en número de especies perdidas por día)
Es imposible saber el número de especies que habitan la Tierra. Se han hecho muchos cálculos y los valores varían entre los 5 y 100 millones. La cifra más probable oscila entre 25 y 30 millones. De estos 25 millones, el hombre ha clasificado sólo un millón y medio. Es muy posible que a mediados de siglo se haya extinguido un 25%. Por tanto, muchas formas de vida desaparecerán sin que se haya tenido noticia de su existencia.

Fuente: Álvarez, N., Martínez i Prat, Mª.R., «La pèrdua de biodiversitat en la pesca i l'agricultura», Medi ambient, tecnologia i cultura, nº 12

la información contenida en 1 cromosoma de ratón es equivalente a todas las ediciones de la Enciclopedia Británica. ¿Quién puede decidir que es más importante el «progreso» humano que la supervivencia de una especie?

Siempre ha habido extinciones, pero la intervención humana ha hecho que la pérdida de especies se incrementara de 1.000 a 10.000 veces. La causa principal es la degradación y destrucción de los hábitats: la tala y quema de selvas tropicales húmedas ha supuesto la pérdida de la décima parte de los grupos de seres vivos que allí habitaban. La destrucción de gran parte de los ecosistemas del litoral de la Península Ibérica está poniendo en peligro no sólo un gran número de seres vivos, sino incluso la propia comunidad biológica. El aumento de la población y los modelos de desarrollo basados en la explotación de los recursos naturales hacen que la presión humana sea insoportable para los ecosistemas: muchos son destruidos y otros se degradan poco a poco por efecto del abuso y la contaminación.

En la Cumbre de la Tierra de Río, en 1992, la comunidad internacional reconoció la pérdida de la biodiversidad como uno de los grandes problemas medioambientales. De esta cumbre surgió el Convenio de Diversidad Biológica, que entró en vigor a finales de 1993 y, actualmente, está ratificado por la mayoría de los países. Con la ratificación, los estados asumen el compromiso de conservar la diversidad biológica, utilizar con criterio sus componentes y distribuir en forma equitativa los beneficios que se deriven de su uso. El Convenio reconoce el papel clave de las comunidades indígenas y sus conocimientos en la conservación de la biodiversidad.

Previamente al Convenio sobre Biodiversidad, se redactó en 1971 el Convenio de Ramsar. Este acuerdo internacional se hizo con el objetivo de proteger un tipo concreto de hábitat: las zonas húmedas. Los países signatarios están obligados a incluir algún área de su territorio en la lista de humedales de importancia internacional y velar por su conservación. En el marco de la Unión Europea, la normativa específica para la conservación de los espacios naturales consta de dos directrices: la Directriz sobre Aves y la Directriz sobre Hábitats, que contemplan la designación de Zonas de Especial Protección para las Aves (ZEPA) y Zonas de Especial Conservación (ZEC). Todas estas zonas quedarán incluidas en la Red Natura 2000, una figura de protección que tiene el objetivo de reunir espacios representativos de cada uno de los hábitats del territorio europeo.

Hay que acelerar las actuaciones a favor de la conservación. La Unión Internacional para la conservación de la Naturaleza y los Recursos Naturales (UICN) anunciaba, en la actualización del año 2000, un aumento del número de especies amenazadas en relación con los datos publicados a mediados de los 90. Según estos datos, hay amenaza de peligro de extinción de:

- Un 12,5% de las especies de plantas vasculares.
- Un 11% de las aves.
- Un 20% de los reptiles.
- Un 25% de los mamíferos y anfibios.
- Un 34% de los peces.

Hay ecosistemas que, por su gran riqueza biológica, son puntos calientes de conservación de la biodiversidad. Sobre algunos de ellos pesa la amenaza de la desaparición, como el caso de la selva tropical o los arrecifes de coral.

6.2 La destrucción de la selva tropical

Los bosques húmedos que ocupan la franja tropical del planeta se caracterizan por una diversidad biológica difícil de imaginar: representan sólo el 6% de la superficie terrestre, pero contienen entre un 70 y un 90% de la biodiversidad. En 50 hectáreas de bosque de Malaisia hay más especies de árboles que en toda Norteamérica; en un arbusto de Perú hay tantos tipos de hormigas como en todas las Islas Británicas; el 90% de las especies de primates, el 75% de la plantas con flores y el 80% de los insectos viven en los bosques tropicales. Sin embargo, estas reservas de vida están gravemente amenazadas.

Hasta ahora se ha perdido más de la mitad de la superficie original de selva y, por el momento, el retroceso continúa. Cada minuto se destruye una zona de bosque equivalente a la superficie de 6 campos de fútbol. La pérdida de estos ecosistemas tiene y tendrá graves repercusiones ecológicas y para las personas. Los bosques tropicales tienen un papel importante en la regulación del clima: la tierra yerma absorbe mucho más calor que la superficie forestada y, sin vegetación, se altera el régimen local de vientos y lluvias. Por otro lado, la deforestación intensifica el riesgo de inundaciones y desprendimientos que, además de producir grandes pérdidas económicas, causan miles de muertos todos los años. El aprovechamiento que se hace de la madera extraída, básicamente como combustible o para abonar campos de cultivo, genera grandes cantidades de CO_2 que se libera a la atmósfera, intensificando así el efecto invernadero.

Sin árboles, sin raíces y sin cubierta vegetal, el suelo sufre las consecuencias de las lluvias, y la erosión degrada con rapidez la tierra tropical. La deforestación amenaza directamente a 50 millones de indígenas que viven en y de las selvas tropicales. Estas comunidades tendrían que servir de modelo, porque durante generaciones han aprovechado los recursos que los bosques les ofrecen, manteniendo siempre el equilibrio y respetando el ecosistema. Pero, en cambio, siempre han sido consideradas un «freno» al desarrollo, es decir, a la destrucción de la selva. Durante muchos años, y hasta el día de hoy, han sufrido la violencia de los recién llegados y han visto cómo éstos saqueaban y destruían su entorno. Se les ha arrebatado el patrimonio cultural, los recursos que les permitían subsistir y, en muchos casos, hasta la vida. Pero los indígenas han dicho basta. Desde hace algunas décadas han surgido en todo el planeta movimientos de defensa de los derechos de las comunidades autóctonas, que también son movimientos de defensa de la Tierra. En Brasil, los Seringueiros, recolectores de caucho, defienden el empleo respetuoso de los recursos forestales de la Amazonia. En la India, el movimiento Chipko se opone a la

---

El comercio ilegal de especies

Otra de las amenazas a las que debe enfrentarse la selva tropical es el comercio ilegal de especies. A pesar del marco legal que reglamenta la exportación e importación de especies y sus derivados (CITES, Convención Internacional de Especies Amenazadas de Fauna y Flora Silvestres), el comercio ilegal mueve cada año unos 5.000 millones de euros, cantidad comparable con la de negocios como el tráfico de drogas o armas. Cada año se comercializan 50.000 primates, 140.000 colmillos de elefante, 5.000.000 aves, 10 millones de pieles de reptiles, 15 millones de pieles de mamíferos, 9 millones de orquídeas, 7 millones de cactus, 135 millones de peces tropicales y 6 millones de reptiles. Por 1 kilo de cuerno de rinoceronte se llegan a pagar más de 50.000 euros, entre 90.000 y 60.000 euros por una gorila y 24.000 euros por un loro azul brasileño. ¿En qué queremos convertir la biodiversidad? ¿En un valor que cotice en bolsa?

Fuente: Rus, A., «Viaje sin retorno», La Tierra, marzo de 2000

---

tala comercial de árboles; las mujeres de este grupo, en un gesto de lucha simbólico, se abrazan a los árboles, de donde sale su nombre. Chipko, en hindi, significa abrazar. El Cinturón Verde trabaja en Kenia desde 1977 para frenar la desertización, impulsar la plantación de árboles y conservar los suelos y el agua de las comunidades rurales.

El análisis de las causas de la deforestación tiene dos vertientes. Por un lado, la deforestación masiva, no selectiva que tiene su origen en los mismos países donde están los bosques. El objetivo principal es la obtención de tierras de cultivo y pastoreo. Estas tierras se obtienen quemando la vegetación y responden a una necesidad de supervivencia de la población autóctona. Por otro lado, existe una tala selectiva que exporta madera a los mercados internacionales. En los países ricos hay una demanda creciente de maderas duras y de gran calidad. La extracción de las mismas tiene graves consecuencias en los ecosistemas, puesto que los troncos se arrastran haciendo uso de maquinaria pesada que compacta y erosiona el suelo. Para llegar a los mejores ejemplares, se abren carreteras de forma indiscriminada y sin ningún tipo de cuidado: para obtener un solo árbol aprovechable se destruyen otros 28 y quedan afectados 1.452 m^2 de selva. Los máximos beneficiarios de las exportaciones son las empresas intermediarias que, casi siempre, son de capital extranjero. Sólo el 10% de los beneficios repercuten en el país de origen de la madera. Este punto, aunque se trata de manera explícita en el Convenio de Biodiversidad: «distribuir de forma equitativa los recursos derivados de la utilización de los recursos genéticos», ha sido olvidado reiteradamente por las multinacionales extranjeras que explotan los recursos de los países del Sur.

Un ejemplo de esta actitud lo encontramos en Madagascar. La *Catahranthus roseus* es una planta exclusiva del bosque tropical de la isla. Este vegetal fue utilizado por una empresa farmacéutica como fuente para la fabricación de un medicamento contra la leucemia y la enfermedad de Hodgkin. Los beneficios que se obtienen del producto se han quedado en los bolsillos de la multinacional, mientras el bosque de Madagascar está amenazado porque la extrema situación de pobreza aviva la quema descontrolada para obtener tierras de cultivo. Lo justo sería que parte de los beneficios obtenidos por la empresa revirtiesen en la conservación de la selva. Y aún más justo, que las políticas económicas de los países de origen de estas multinacionales no permitieran que la pobreza y la miseria sigan siendo la realidad cotidiana de estos países.

Para conservar las selvas tropicales, todas las partes implicadas deben hacer un esfuerzo. Pero el tiempo pasa y cada día miles de hectáreas desaparecen. Hay que parar la deforestación descontrolada y poner en marcha planes de gestión fores-

Exportaciones de madera de Liberia

Liberia: madera a cambio de armas

Los continuos conflictos armados que ha sufrido Liberia en las últimas décadas han servido de freno a las industrias extranjeras madereras. Por esta razón, en 1995, este país aún tenía más de cuatro millones de hectáreas de bosque tropical, que representaban el 45% del conjunto de selva tropical africana. En 1997, ganó las elecciones a la presidencia del país Charles Taylor, «el señor de la guerra». A partir de 1998, la exportación de madera liberiana registró un aumento espectacular, que continúa hasta el momento. En el negocio entraron empresas de todo el mundo, entre ellas algunas de capital español. Dos años más tarde, un informe del Consejo de Seguridad de las Naciones Unidas alertaba de la conexión entre el negocio forestal y el tráfico de armas: «... las principales industrias madereras de Liberia están vinculadas con una gran variedad de actividades ilegales, y gran cantidad del dinero que ganan se utiliza para pagar actividades extrapresupuestarias, incluida la adquisición de armas. Habría que estudiar la posibilidad de un embargo de la exportación de madera liberiana hasta que este país demuestre de manera convincente que no está involucrado en el tráfico de armas o diamantes hacia Sierra Leona.» En marzo de 2001, se efectuó el embargo del negocio de diamantes, pero no el de madera, puesto que China y Francia, principales importadores, vetaron su inclusión. Desde entonces, la exportación de madera se ha convertido en la principal fuente de ingresos del Gobierno liberiano. Las organizaciones locales e internacionales denuncian a la industria forestal por violar los derechos humanos y realizar una explotación indiscriminada de los bosques. Las compañías explotadoras reclutan antiguos combatientes para formar milicias privadas, no respetan ninguna ley laboral y pagan al presidente Taylor, acusado formalmente por las Naciones Unidas de financiar la guerrilla de Sierra Leona, y dar concesiones para la explotación de la selva. Entre estas compañías hay algunas españolas; de hecho, el 80% de la madera que importa España es de procedencia africana. Y las importaciones procedentes de Liberia no han dejado de aumentar en los últimos 5 años.

Fuente del gráfico: World Trade Atlas citado en Global Witness (2001) y extraído del Informe de Greenpeace «Liberia. Cuando la explotación forestal alimenta los conflictos regionales», marzo de 2002

Fuente del texto: Soto, M. A., «La madera de la guerra», Greenpeace nº 57

tal que aseguren la explotación sostenible de los bosques. Las empresas madereras deben exigir materia prima con certificación oficial que acredite que proviene de bosques gestionados y no de explotación ilegal. Al mismo tiempo, hay que cubrir parte de la demanda de madera dura con árboles autóctonos: los bosques templados y boreales de Europa y Norteamérica contienen especies de alto interés desde el punto de vista de la industria forestal. El castaño, la haya, el roble, el fresno, el nogal o el boj son árboles con maderas de gran calidad. Por supuesto que no se trata de proteger la selva tropical y empezar a deforestar los bosques templados. En primer lugar, hay que racionalizar la demanda y después repartirla entre las fuentes de obtención de manera, y que ninguno de los ecosistemas esté sobreexplotado y se ponga en peligro su conservación. Greenpeace pide a los estados la creación de un fondo económico que cubra el coste de conservación de los bosques y que permitiría:

- Instaurar planes de gestión sostenible.
- Reforestar las zonas destruidas.
- Crear una red de zonas protegidas de bosque tropical.

Éstas serían las medidas que habría que poner en práctica si el motivo de la deforestación sólo fuera la demanda de madera para construir muebles, barcos o instrumentos de música. Pero las causas son más profundas y hay que buscarlas en la deuda que los países exportadores tienen con el Banco Mundial, el FMI o los países importadores. También en los problemas demográficos y de injusticia social que viven estos países y la falta de economías locales que den una salida a la población. Una carencia que se debe a la falta de interés internacional y de la clase política del propio país que, con demasiada frecuencia, está inmersa en la corrupción y el fraude. Dar con las medidas contra todo esto requiere un esfuerzo aún mayor que los movimientos sociales tenemos el deber de impulsar.

6.3 Los arrecifes coralinos «se ahogan»

Los arrecifes de coral son los hábitats marinos de mayor riqueza biológica. Hasta la fecha, ha desaparecido casi el 27% de los arrecifes del mundo y, si no se actúa urgentemente, las pérdidas pueden llegar al 40% en el año 2010. La degradación de los arrecifes está relacionada con la actividad humana: el recalentamiento de las aguas marinas (consecuencia del cambio climático), la contaminación, la extracción de arena y de rocas y la utilización de explosivos y cianuro en la pesca son los principales motivos de la devastación del coral. La suma de todos estos efectos negativos genera estrés en el coral, lo que provoca

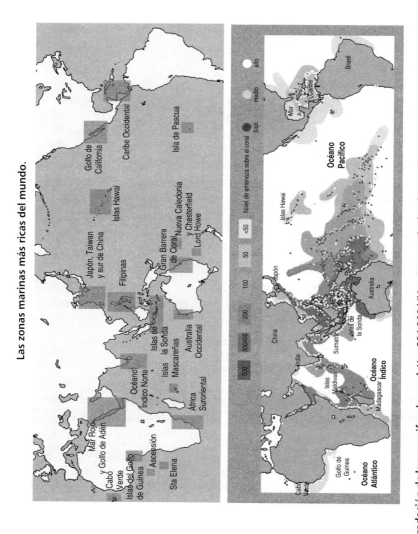

La degradación de los arrecifes de coral. Hay 284.300 kilómetros cuadrados de arrecifes seriamente amenazados. Si se aplican las medidas adecuadas para reducir la tensión a la que están expuestos, aún se puede recuperar una parte, pero un 11% de los arrecifes ya no tiene ninguna posibilidad. *Fuente: «Los arrecifes de coral están estresados», Geo nº 187, agosto de 2002*

que expulse las algas que viven en su esqueleto y que le proporcionan alimento y color. El coral se vuelve blanco y, si la situación es lo bastante grave, muere. En el año 1998, el más cálido que se ha registrado hasta el momento, la mayoría de los arrecifes tropicales se vieron alterados por el emblanquecimiento. Más adelante, también se vio afectado el coral de Australia, de las islas de Florida, del Caribe, del Mar Rojo y de las Bahamas. El resultado: miles de kilómetros de coral muerto. Además de la pérdida ecológica que esto comporta, pone también en peligro a unos 500 millones de personas que viven en un radio de 10 km de los arrecifes y que cuentan con estos hábitats para trabajar y alimentarse. El 25% de la pesca de los países más pobres depende de los arrecifes de coral. Éstos protegen las costas de las tormentas y las olas, atenúan la erosión de las playas y contribuyen a la formación de las atractivas playas tropicales que son la base del turismo, una importante fuente de ingresos para las economías locales.

6.4 La biodiversidad española también sufre

La costa española está compuesta por una franja de unos escasos 50 kilómetros de ancho y unos 8.000 kilómetros de longitud. Aunque sólo representa el 15% del territorio, alberga al 58% de la población, sin contar a los 40 millones de turistas que la visitan cada año. El turismo es uno de los grandes pilares de la economía del país, pero supone una amenaza para los ecosistemas costeros; las marismas, los humedales, las dunas, las playas y los acantilados se ven gravemente afectados por la presión de las actividades económicas del litoral. Las edificaciones e infraestructuras, la contaminación, el embalse de los ríos, la desecación de los humedales y la sobreexplotación de los recursos han puesto en peligro a la costa. Las consecuencias de estas actividades están saliendo a la luz en los últimos

años: el retroceso de las playas, la contaminación y saliniza-
ción de las aguas subterráneas son algunas de ellas. Pero la situación aún puede empeorar, porque el litoral sigue gestionán-
dose sin ningún cuidado y los beneficios económicos
continúan pasando por encima de la voluntad de conservación. En esta línea, se denuncian proyectos de puertos deporti-
vos, emisarios submarinos, urbanizaciones y regeneración de
playas que empeorarían el estado del litoral.

Los humedales se han visto gravemente alteradas por la actividad humana. Las zonas húmedas participan en la regulación del ciclo del agua y ejercen de filtro contra la contaminación. Son, además, elementos de una gran belleza paisajística
que dan cobijo a cientos de especies de flora y fauna. En los últimos 40 años ha desaparecido el 60% de las zonas húmedas
españolas. El motivo ha sido el turismo y, antes, la agricultura.
Hasta bien entrado el siglo XX, los humedales se desecaban por
diversos motivos: eran una fuente de mosquitos y de paludismo, así como potenciales campos de cultivo. Además del turismo y de la agricultura, el uso inadecuado del agua y los vertidos
incontrolados han conducido las zonas húmedas a una situación precaria. Muchas de las especies que dependen de este
ecosistema se encuentran en peligro: las poblaciones de fartet,
de samarugo, el espinoso, la cerceta, el águila pescadora, el
avetoro, la malvasía y otras especies de aves y anfibios están
disminuyendo. No obstante, hasta la fecha no se han adoptado
medidas, falta planificación y regulación y ni siquiera existe un
inventario estatal de las zonas húmedas de especial interés.
España se adhirió al Convenio de Ramsar en el año 1982 y ha
incorporado a la lista de Humedales de Importancia Internacional 38 zonas húmedas, entre las que destacan el Parque Nacional de Doñana, el Parque Nacional de Las Tablas de Daimiel
y las lagunas de Villafáfila y Gallocanta. Sin embargo, incluso
estos espacios que cuentan con figuras de protección se hallan
en retroceso.

La introducción de especies

Se denominan especies introducidas aquellas que el hombre transporta de su lugar de origen a otra zona. Las causas pueden ser diversas: el aprovechamiento económico de las especies cinegéticas o piscícolas, la cautividad, como animales de compañía, e incluso introducciones accidentales. Sea cual sea el motivo, la llegada de especies introducidas repercute a menudo sobre las poblaciones locales. De hecho, un 39% de las extinciones de los últimos 500 años se ha debido a especies introducidas. En los ecosistemas acuáticos españoles hay diferentes organismos amenazados por organismos invasores, como es el caso de la introducción, con finalidades comerciales y gastronómicas, del cangrejo de río americano, que ha desplazado al cangrejo de río autóctono. Este organismo juega un papel fundamental en la calidad del agua de los ríos, ya que elimina los detritos y evita que el agua se quede sin oxígeno. La situación del cangrejo autóctono ha empeorado con la «peste del cangrejo», enfermedad que trajo la variedad americana. Esta afección está causando estragos entre las poblaciones autóctonas.

Fuente: Guijarro, L., «La invasión silenciosa», La Tierra, nº 30,

octubre 2000

Capítulo 7
¿Sostenibilidad? Implicación local en un problema global

El camino de la sostenibilidad no es único ni recto. Cada hemisferio, cada país, cada región y cada comunidad tiene que caminar hacia su propia sostenibilidad. Todos tenemos en común un objetivo final; las vías para llegar a él son diversas y dependen de la situación de partida y del método de actuación de cada uno. Las problemáticas medioambientales no son iguales en todos los sitios y las estrategias para resolverlas deben tener en cuenta la cultura, las tradiciones y los conocimientos de cada pueblo. En los países industrializados tenemos que enfrentarnos a las consecuencias de la opulencia del modelo capitalista que gobierna los estados del norte. En el Sur tienen que luchar contra la pobreza y el hambre como consecuencia de la opulencia del modelo capitalista que gobierna los estados del Norte. Reciclaje, comercio justo, condonación de la deuda externa, tasa Tobin, etc. Disponemos de las herramientas necesarias para hacer del mundo un lugar donde vivir. Ha llegado el momento de tomar partido en la crisis del planeta.

7.1 ¿Cómo han construido el mundo los gobernantes?

El modelo de crecimiento que controla nuestra sociedad está basado en el capital y en el aumento de la producción y del consumo. Para reducir costes es necesario producir cuanto más, mejor. Por este motivo, se nos anima a consumir de todo; la sociedad nos crea necesidades que nuestros abuelos y abuelas ni se habrían imaginado. Desde principios de siglo, la producción mundial se ha multiplicado por 20, el consumo de combustibles fósiles por 30 y la producción industrial por 50. Este crecimiento se ha concentrado en el norte del planeta y está teniendo unos efectos muy negativos:

- Destrucción del medio ambiente. Estamos abusando de los recursos naturales sin respeto, como si fuesen ilimitados. El efecto invernadero, la lluvia ácida, los residuos radioactivos, la contaminación industrial o el agujero de la capa de ozono son sus primeras consecuencias.

- Mercantilización. Cualquier bien natural, idea, valor o ser vivo puede convertirse en un producto.

- Modificación de los valores. La sociedad asocia el bienestar y el progreso al hecho de tener mucho. Los que no tienen bienes materiales quedan al margen del sistema.

- Homogeneización cultural. Todas las culturas acabaremos teniendo los mismos gustos y perdiendo nuestros signos de identidad.

En poco tiempo las fronteras entre estados y los límites entre continentes se han convertido en una barrera para el modelo capitalista. El afán por ganar más y el interés por abrir nuevos mercados ha llevado a los gigantes económicos a proponer un nuevo término: GLOBALIZACIÓN.

La globalización consiste en la integración de las economías de los diferentes países en una economía mundial dirigida por el sistema de libre mercado. El mundo se fusiona en un solo espacio económico en el que todo vale y cuya finalidad primordial son las ganancias económicas. La desregularización de los mercados y la libre circulación de mercancías y de capital avanza, mientras que la estabilidad política y la cohesión social andan como los cangrejos, hacia atrás. El comercio gobierna y el estado gestiona.

Las transnacionales son la causa y la consecuencia del proceso de globalización. Estas grandes empresas acaparan el 70% del comercio mundial y a menudo disponen de más capital que los propios estados. Tienen mucho poder y ejercen fuertes presiones sobre los gobiernos para que les permitan establecerse donde más les convenga. Su mera presencia conlleva siempre consecuencias negativas para los mercados locales, el desarrollo de las comunidades autóctonas y el entorno natural de la región.

La globalización ha sido impulsada por organismos internacionales como el Banco Mundial (BM), el Fondo Monetario Internacional (FMI) y la Organización Mundial del Comercio (OMC). Estas instituciones son las que han establecido las reglas del juego del sistema capitalista. El BM se creó en 1945 para prestar apoyo a la reconstrucción de Europa. Hoy en día, el mundo ha cambiado y las funciones del BM también: su objetivo principal es ayudar al desarrollo de los países más pobres. Hay 180 países miembros, pero no todos tienen el mismo poder de decisión. La distribución de los poderes es proporcional al capital aportado por cada uno de los miembros, por lo que, aunque exista una mayoría de países pobres, las decisiones finales dependen siempre de países industrializados, que son básicamente Alemania, Japón, Francia, Reino Unido y EE.UU., que cuenta con la presidencia permanente. El FMI se creó en 1944 y, en un principio, controlaba el sistema monetario internacional, pero la crisis del dólar del año 1973 modificó sus tareas. Hoy en día, supervisa las economías de los estados miembros, proporciona asistencia técnica en cuestiones fiscales y monetarias y concede préstamos a los países miembros para que puedan cumplir con el pago del comercio exterior. A cambio, estos países tienen que llevar a cabo ciertas reformas económicas (implantación de Programas de Ajuste Estructural). Igual que ocurre con el BM, no se aplica el sistema de igualdad de votos entre los miembros: el voto de EE.UU. tiene más peso que los de toda América Latina, Asia Meridional y África subsahariana juntas.

Los Programas de Ajuste Estructural (PAES), impulsados a finales de los ochenta, fueron la respuesta de las instituciones financieras internacionales a la crisis de la deuda externa de los países más pobres. El BM y el FMI prestaban a los países deudores los recursos necesarios para afrontar los pagos y, a cambio, éstos se comprometían a implantar PAES y a generar suficientes recursos para devolver los fondos recibidos. Los PAES incitan a los gobiernos a adoptar políticas que favorezcan la producción destinada a la exportación a costa de reducciones en el gasto público. Los programas de ajuste han generado costes sociales dramáticos para la población más pobre: en Zimbabwe, el gasto en atención primaria se redujo un tercio durante la primera mitad de los años noventa. Para contribuir a la financiación de los servicios sanitarios, el Gobierno introdujo el pago de tasas, lo que provocó que los más pobres quedasen excluidos de la atención primaria.

Otro tema polémico son los criterios «ecológicos» que aplica el BM para financiar los proyectos de desarrollo. Un ejemplo es la promoción de enormes presas que desplazan a millones de habitantes de sus casas e inundan miles de hectáreas de bosques y terrenos fértiles. Estas presas, que el BM ha esparcido por Indonesia, Tailandia, India, Brasil, Argentina, etc., no sólo producen un desarrollo inadecuado, sino que provocan la desintegración social y cultural de las poblaciones desplazadas. Todo esto pone en evidencia la necesidad de reflexionar sobre el BM y el FMI: las posiciones más extremistas exigen la eliminación de estas instituciones, mientras que otros prefieren hablar de reforma radical. En cualquier caso, es evidente que si el objetivo es la sostenibilidad, la equidad y la justicia, es necesario modificar los planteamientos básicos y los criterios de actuación. Ya no se trata de fomentar un crecimiento económico sostenido, porque ésta no es la solución a la pobreza; lo necesario es un reparto equitativo de los recursos.

La OMC (Organización Mundial del Comercio) regula la liberalización del comercio en el campo de la agricultura y controla los derechos de la propiedad intelectual. Es decir, otorga las patentes de cualquier tipo de producto que se pueda vender en el mercado mundial, desde medicamentos hasta semillas. Hasta el presente, la OMC ha seguido una línea de complicidad con las transnacionales y ha hecho prevalecer sus derechos sobre los derechos individuales y de los estados. En el caso concreto de las patentes de las semillas agrícolas, existe una guerra latente entre las empresas del sector y países que, como India, han impulsado la creación de un banco de semillas público del que se pueda beneficiar toda la población. Dejando de lado el debate sobre si es aceptable patentar seres vivos, surge la pregunta de cómo es posible defender la legitimidad de un negocio que cuesta la vida a miles de personas que no tienen dinero para pagar las semillas que les permiten sobrevivir. Las regiones en las que siempre se habían seleccionado las mejores semillas de forma natural y en las que la propia comunidad se encargaba de que no quedase ningún campesino sin sembrar se ven ahora invadidas y presionadas por las multinacionales, que incitan a los campesinos a utilizar variedades modificadas y, evidentemente, patentadas. En teoría, estas semillas son más resistentes a las plagas y más productivas, pero obligan a los campesinos a depender de toda clase

---

¿Libre comercio? ¿Para quién?

Los países industrializados se comprometieron, en los acuerdos de Doha del año 2001, a conseguir una «mejora sustancial en el acceso de los productos (agrícolas) del Sur al mercado del Norte» y a una «reducción de todas las subvenciones (agrícolas) con vistas a su eliminación». Pero lo que no quedó demasiado claro fueron las medidas concretas que debían ponerse en marcha para estos propósitos. En septiembre de 2002, los países más pobres, apoyados por ONG internacionales, se reunieron en Johannesburgo para pedir a los países industrializados el compromiso real de eliminar las subvenciones a la agricultura. La UE, liderada por Francia, prefirió refugiarse en los acuerdos de Doha y en el margen de tres años para negociar qué establecían. Una vez más, las peticiones han quedado sin respuesta. La solidaridad de los países ricos se limita a destinar una ínfima parte de sus presupuestos a ayudas al desarrollo, pero no hay conciencia de que, si lo que se persigue es la erradicación de la pobreza, esto no es suficiente. Es necesario llevar a cabo un cambio estructural, un nuevo mercado mundial que garantice la igualdad de oportunidades. Oxfam International ha calculado que, en total, se niega a los países del Sur 100.000 millones de dólares en oportunidades de mercado, el doble de lo que se destina en ayudas al desarrollo.

---

de productos químicos y a comprar semillas nuevas cada año. En India, Vandana Shiva lidera un movimiento colectivo de rechazo a las actuaciones de las grandes industrias y fomenta el retorno a la agricultura tradicional india. A través de diferentes iniciativas locales, se lucha por los derechos de los campesinos y contra el monopolio de las semillas.

La OMC también tiene competencia directa en los acuerdos comerciales sobre agricultura. La liberalización del comercio obliga a los campesinos y pequeños productores del Sur a dejar el campo e irse a trabajar a las ciudades. Para ellos, la agri-

TESTIMONIO: «...la presión social puede hacer que las reglas de este comercio no sean tan injustas con los pequeños productores de café.»

«En el ámbito internacional, las políticas del FMI han influido negativamente en los pequeños productores, ya que ahora con el proceso del café no pueden llevar una vida digna que cubra sus necesidades básicas. Si el precio que se paga a los productores es cada vez más bajo y el precio del café que se consume no desciende, ¿quién se está beneficiando? Es importante que el problema salga a la luz y que se informe a las sociedades consumidoras de lo que ocurre. La presión social puede hacer que las reglas de este comercio no sean tan injustas con los pequeños productores de café.»

Mario Kimarro. Cooperativa de Mansera. (Tanzania)

cultura no es un negocio, sino un medio de vida. Pero la apertura de los mercados ha favorecido los productos importados del Norte que, gracias a las subvenciones y a la reducción de los aranceles de importación, han reventado los precios y han hundido la producción local. El modelo agrícola intensivo está desplazando cada vez con más fuerza la agricultura tradicional de subsistencia. Este hecho tiene graves consecuencias sociales y ecológicas: la agricultura «moderna» se basa en el uso de maquinaria, el abuso de pesticidas y abonos químicos y el monocultivo; en conjunto, agota y contamina el suelo y los acuíferos, al mismo tiempo que empobrece la biodiversidad.

7.2 Y este modelo ¿Qué nos ha aportado?

Por tanto, la globalización afecta a todos pero no todos se benefician. Los impactos que causa en el medio ambiente y, sobre todo, en los sectores de población más vulnerables ponen en

¿Solidaridad o caridad?

Aunque los Gobiernos de los países ricos a menudo llenan sus discursos de palabras como cooperación y solidaridad, son muy pocos los que destinan el 0,7% del PIB a la ayuda al desarrollo. Si esta tendencia se mantiene, la distancia entre ricos y pobres será cada vez mayor.

Cifras mundiales de ayuda oficial al desarrollo en algunos países de la OCDE (1999)

	Millones de dólares	% PIB
Dinamarca	1.733	1,01
Noruega	1.370	0,91
Holanda	3.134	0,79
Suecia	1.630	0,70
Francia	5.637	0,39
Japón	15.323	0,35
Canadá	1.699	0,28
Alemania	5.515	0,26
Australia	982	0,26
Portugal	276	0,26
España	1.363	0,23
Reino Unido	3.401	0,23
Italia	1.806	0,15
Estados Unidos	9.145	0,10

Fuente: Informe sobre desarrollo humano, 2001, PNUD

duda el sistema. La globalización conlleva una separación cada vez más grande entre ricos y pobres, y margina a los marginados. La competencia económica selecciona al más fuerte y aparta a los débiles del camino. Con el objetivo de obtener cada vez más beneficios, se utilizan los bienes naturales sin

Distancia entre ricos y pobres

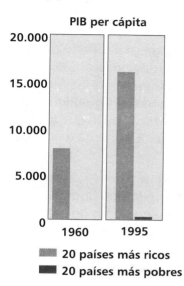

PIB per cápita

- 20 países más ricos
- 20 países más pobres

«Si hay mucha pobreza en el mundo, es porque hay mucha riqueza, no se puede erradicar una sin erradicar también la otra.»

Fuente: Informe sobre el desarrollo mundial, 2000-2001, Banco Mundial

medida: se abusa de los recursos hídricos, del suelo y de las fuentes energéticas, se contamina el agua, la tierra y el aire. La falta de influencia de los Gobiernos sobre las grandes empresas deja el medio ambiente desprotegido. De momento, la prioridad es crecer, ganar, expandirse... cueste lo que cueste.

La globalización, tal y como se está llevando a cabo, fomenta la injusticia. Cuatro quintas partes de los 6.000 millones de habitantes de la Tierra viven en condiciones de subdesarrollo y 1.300 millones viven por debajo del límite de la pobreza. Las causas de esta situación son la inequidad de las relaciones internacionales, la financiación del Norte por parte el Sur y la distribución desigual de la riqueza dentro de los propios países, lo que provoca que una minoría acapare casi todos los recursos. La pobreza se debe a un mal reparto de la riqueza: las relaciones comerciales dictadas por los países del Norte y la deuda externa hacen que la transferencia neta de los recursos del Sur al Norte sea positiva. Las desigualdades no sólo son injustas sino que son innecesarias: con lo que gasta EE.UU. en cosméticos se podría educar a todos los ciudadanos del mundo (PNUD, 1998).

La pobreza no es «tener poco», la pobreza es el conjunto de barreras que hacen que la vida humana sea indigna. La pobreza se manifiesta en un conjunto de carencias materiales, educativas, culturales, sanitarias, sociales... pero también implica dolor, resignación, vulnerabilidad, marginación, imposibilidad de escoger y, en definitiva, la privación de la libertad de poder ser uno mismo.

La falta de recursos genera problemáticas sociales y medioambientales concretas. Para empezar, impulsa el crecimiento de la población. En los países pobres, el número de habitantes crece 5 veces más que en los países ricos, ya que los hijos ayudan a la economía familiar y garantizan a los padres la seguridad futura. Si se sigue a este ritmo, la población mundial se duplicará en pocos años. Para reducir el crecimiento demográfico es necesario aplicar programas de planificación familiar dirigidos sobre todo a las mujeres. En las situaciones de pobreza, son las mujeres las principales responsables de la economía, la organización y la cohesión familiar. Es necesario formarlas para que puedan decidir cómo quieren que sean sus familias y cuántos hijos desean tener, y para que puedan transmitir hábitos sanitarios y una educación básica.

Indicadores sociales y económicos

	Tercer mundo	España	Países industrializados
Tasa de mortalidad (por 1.000 nacidos vivos)	70	7,1	13
Esperanza de vida al nacer (años)	63,3	77,7	74,5
% de población urbana	36	76	73
% de población rural	64	24	27
% de mujeres en la población activa	39	35	44
Índice de alfabetización de adultos	68,8	98	98,3
Índice de desarrollo humano	0,563	0,933	0,909
PIB real per cápita (PPA en dólares)	2.703	13.660	15.211
Consumo de energía comercial (kg per cápita)	536	2.373	4.589
Periódicos (ejemplares por cada 100 habitantes)	5	11	29
Habitantes por médico	5.767	262	344
Casos de SIDA (por 100.000 habitantes)	6,7	16	9,2

Fuente: Exposición «Erradicar la pobreza para construir un solo mundo». Justicia y Paz.

TESTIMONIO... «Nadie se preocupa por las mujeres»

Emiliana Kilala es una viuda de 60 años que tiene 5 hijos y 5 nietos. Es la presidenta del Comité de las Mujeres de la MOA (Agrupación de cultivadores y cultivadoras de caña de azúcar de Mtiwa). De momento, el Comité trabaja para que las mujeres comprendan la necesidad de defender sus derechos. Emiliana explica: «... a los hombres no es necesario educarlos porque ya están organizados, tienen más información. Pero nadie se ocupa de las mujeres... Las jóvenes están delicadas, mal alimentadas y tienen problemas en el embarazo y el parto. Ahora, el Comité está elaborando un documento para formar a las mujeres en estos temas: que no vendan toda la comida, que guarden verduras y frutas para su alimentación.»
Emiliana Kilala. Comunidad de Mtiwa (Tanzania)

Casi la mitad de la población mundial sufre la escasez de agua y la falta de instalaciones de saneamiento. En India, en el año 1990, el 90% de los habitantes no tenía acceso a servicios de agua corriente. Sin las infraestructuras adecuadas, el agua sucia se acumulaba y propiciaba el contagio y la proliferación de enfermedades.

En las zonas rurales, el hambre lleva a la quema de bosques para obtener campos de cultivo. Si continúa la tendencia actual, las selvas tropicales de África desaparecerán en el año 2049, las de Asia en 2062 y las de América Latina en 2146. La sobreexplotación de las tierras de cultivo, que ya son de por sí pobres, agota la fertilidad del suelo en pocos años. Trescientos millones de personas del Sur se ven gravemente afectadas por la desertización. Este proceso es irreversible una vez en marcha, ya que el suelo se forma muy lentamente y la acción del hombre no le da tiempo a recuperarse.

La necesidad aviva los conflictos, pero las desavenencias no se solucionan con las armas. El camino hacia la seguridad humana es el desarrollo y no la guerra. Es más, el gasto militar es perjudicial para la seguridad, ya que consume recursos que se podrían destinar al desarrollo humano: la educación da armas para el diálogo y el entendimiento, y la salud y el bienestar relativizan las hostilidades.

7. 3 ¿Otro mundo es posible?

El análisis de la coyuntura global nos lleva a la conclusión de que el mundo no puede seguir así. Pero desde nuestra posición de ciudadanos nos asalta la impotencia sobre lo que podemos hacer. ¿Cómo podemos modificar los organismos sociales, las leyes, los sistemas económicos y, sobre todo, la mentalidad de los que toman las decisiones? La verdad es que si queremos actuar, todos tienen un papel.

Las comunidades locales tienen que recuperar el protagonismo. Es en este nivel donde los seres humanos establecemos lazos verdaderos entre nosotros y con la Tierra. Es necesario reconstruir el tejido social y sus valores más básicos: justicia, solidaridad y paz. Desde las organizaciones de vecinos, grupos de solidaridad, cooperativas de campesinos, movimientos culturales, etc. tenemos que informarnos y difundir información, exigir a los Gobiernos que hagan públicas sus posturas, velar por conservar la diversidad ecológica y cultural y luchar para que se reconozcan los derechos y la identidad de los pueblos. Es necesario trabajar en la reconstrucción de economías locales que garanticen la autonomía de las comunidades y fomenten la cultura y el medio ambiente.

Los ciudadanos, en tanto que consumidores, tenemos mucho que decir. Podemos utilizar el consumo responsable como herramienta para luchar contra el consumismo que nos intentan imponer. No sólo podemos escoger qué productos compramos y cuáles rechazamos, sino que también podemos decidir cuál es el modelo de consumo que queremos para nuestra sociedad: un modelo derrochador, opulento y egoísta o un modelo racional, equitativo y solidario. En más de una ocasión, la presión social ha iniciado campañas contra empresas que no respetaban los derechos laborales de sus trabajadores y recurrían a la explotación del sector más desfavorecido. También hay una parte de la sociedad que está cada vez más sensibilizada en temas medioambientales. Se valora la garantía de que los productos se hayan obtenido a partir de procesos productivos que no alteren la naturaleza.

El consumo sostenible es un consumo responsable y respetuoso con el medio ambiente y las personas.

Valora:

- Los alimentos autóctonos producidos siguiendo criterios ecológicos por pequeños productores locales.
- Los productos de comercio justo que garantizan el salario y las condiciones laborales de los trabajadores.

Escoge:

- Productos a granel o en envase reutilizable.

Rechaza:

- Productos fabricados sin respetar los derechos humanos ni el medio ambiente.
- Siempre que sea posible, los envases de un solo uso.

La reducción de los residuos debe ser otro de los caballos de batalla de la sociedad occidental. Tenemos que generar menos desechos y adoptar estrategias para que su impacto sobre el medio ambiente sea mínimo. Evitar que se acumulen debe ser un esfuerzo conjunto de las administraciones, fabricantes, comerciantes y consumidores. El trato de los residuos tiene que seguir el criterio de las tres R: **R**educir, **R**eutilizar y **R**eciclar.

© E. Martínez

El comercio justo

En la zona subtropical de Ecuador, concretamente en el valle de Mandurriacos, hasta hace poco la población vivía en la miseria debido a la baja competitividad de la agricultura local. Las opciones eran pocas: la emigración o la tala del bosque. Esta última alternativa era la única que podía asegurar la supervivencia de los habitantes locales que, sin querer, contribuían a la deforestación. La Red de Consumo Solidario es una organización de asociaciones catalanas que fomenta el comercio justo. Esta red ha financiado en el valle de Mandurriacos la creación de talleres y la compra a un precio razonable de parte de la producción. Posteriormente, la distribuye en todo el mundo en mercados alternativos que eliminan las ganancias de los intermediarios. El café se destina a Japón, la manteca de cacahuete a los países anglosajones y los cacahuetes envasados al vacío a España. Las reglas del comercio internacional establecidas por los países ricos hacen que la balanza económica de los más pobres siempre sea deficitaria. Para denunciar esta estructura injusta, se ha creado una red paralela de comercio Norte-Sur que favorece las relaciones económicas de igual a igual. El comercio justo exporta productos que garantizan el salario digno de los productores, la no discriminación por razón de sexo, la protección de los derechos laborales en el seno de las empresas productoras y los procesos productivos que respetan el medio ambiente.

© E. Martínez

Toneladas de basura

¿Sabías que...
• con cada botella de cristal retornable que utilicemos evitamos el consumo de unos 40 tetrabrics?
• los envases de plástico se fabrican a partir de los residuos de fabricación de los combustibles fósiles y a menudo llevan aditivos todavía más perjudiciales que los propios plásticos?
• se tienen que extraer 4 o 5 toneladas de bauxita para obtener una de aluminio y que la extracción de bauxita causa graves impactos ambientales y sociales en los países tropicales de los que se extrae?
• la energía ahorrada en reciclar una botella de cristal equivale al uso de una bombilla de 100 vatios durante 4 horas?

Fuente: Guies d'educació ambiental, nº 4, «Propostes senzilles per reduir els residus», Ayuntamiento de Barcelona

Cuando compramos para nuestra casa, tenemos que aplicar la máxima citada: escoger, siempre que sea posible, productos sin embalaje: llevar bolsas de tela o cestos para guardar la compra y escoger productos a granel. Cuando el envoltorio sea inevitable (carne, pescado, legumbres), se puede sustituir por fiambreras o bien por envases retornables. Tenemos que acostumbrarnos a hacer una recogida selectiva de los materia-

---

¿Telefonía móvil reciclada?

Durante los últimos años, el crecimiento del consumo de teléfonos móviles en España ha sido espectacular. Como son aparatos en constante evolución, su vida útil es muy corta y los usuarios cambian rápidamente su modelo por otro más liviano y con más prestaciones. Todo esto genera una gran cantidad de residuos, que en el año 2002 se calcularon en más de 3.000 toneladas. De todos estos materiales, hay partes valiosas que merece la pena recuperar y otras de elevada toxicidad que deben tratarse de un modo adecuado. En la Comunidad de Madrid, se ha puesto en marcha un proyecto piloto de reciclaje de móviles. En la campaña participan empresas del sector y, de este modo, los fabricantes intervienen tanto en el diseño y la fabricación del aparato como en el tratamiento de residuos y el reciclaje. El proyecto piloto cuenta con una campaña de información y una red de puntos de recogida. Los móviles recuperados se llevan a una planta de reciclaje y, a partir de los resultados, se elaborará una estrategia para ampliar la iniciativa.

---

les reciclables y tirar cada uno de ellos en el contenedor correspondiente.

Hoy en día, los movimientos sociales y las ONG lideran y defienden un mundo y un sistema más justo, que respete los derechos y las libertades de los pueblos y las personas. Los ecologistas, los movimientos indigenistas, los movimientos de derechos de la mujer, los «sin tierra» o las redes de comercio justo son grupos de contenido muy heterogéneo, pero con un trasfondo común. La convocatoria de Porto Alegre reunió a este amplio abanico de representación humana bajo el lema de «Otro mundo es posible». En esta reunión, los movimientos antiglobalización de todo el mundo clamaron por la paz y la justicia social y alzaron su voz en contra de la concentración de la riqueza, la proliferación de la pobreza, las desigualdades, la destrucción del planeta, el militarismo y la guerra del mundo actual. Denunciaron el modelo neoliberal basándose en algunas de sus consecuencias:

- La guerra de Afganistán.
- El conflicto del pueblo palestino.
- La precaria situación de Argentina (debida en parte a las políticas del FMI).
- El unilateralismo de EE.UU., demostrado sobradamente en temas como el Protocolo de Kioto, el Convenio de la Biodiversidad, el escudo antimisiles o la guerra de Iraq.
- La ilegitimidad de las políticas de la OMC, que volvió a hacerse evidente durante la Cumbre de Doha, en 2002.
- La invasión de Iraq.

En oposición a todo esto, defendieron:

- Los derechos de los pueblos, las mujeres y los jóvenes
- La lucha sindical y de los campesinos.
- El derecho a conocer y opinar sobre las decisiones del propio Gobierno.
- La resolución no violenta de los conflictos.
- La conservación del medio natural; el agua, la tierra y los alimentos no son propiedad de nadie y todo el mundo tiene derecho a acceder a ellos.
- La tasa Tobin contra las actividades especulativas.
- La cancelación incondicional de la deuda externa.
- La reparación de deudas históricas, sociales y ecológicas infligidas a los países del Sur.

La tasa Tobin, la deuda externa y la Banca Ética son algunas de las iniciativas que se fomentan desde los sectores que están a favor de una globalización más justa. Pero, ¿en qué consisten estas iniciativas?

La Banca Ética: La banca es una institución imprescindible del modelo capitalista (como cualquier otra actividad productiva). El objetivo de la banca es obtener beneficios y canalizar la inversión. La Banca Ética ejerce las mismas funciones que la banca tradicional pero comprometiéndose a seguir un criterio ético en el momento de financiar o invertir. Quedan excluidas de estas actividades las industrias y el comercio de armamento, tabaco y el narcotráfico, las industrias contaminantes, las empresas que dispongan de centrales nucleares y las empresas explotadoras o relacionadas con regímenes dictatoriales. Además, la Banca, como empresa, se gestiona siguiendo criterios de promoción de la mujer, protección del medio ambiente, creación de puestos de trabajo y transparencia.

La tasa Tobin: Con el objetivo de regular la libre circulación de capital y de mercancías que favorecen a la globalización, James Tobin propuso la creación de un impuesto internacional. Para disuadir a los especuladores, se aplicaría un recargo de entre el 0,1 y el 0,5% por dólar en cada transacción. La tasa Tobin, nombre con el que se conoce, sería un paso adelante para regular la transparencia de las actividades de las empresas transnacionales. El mismo Tobin afirmó que «para reducir las desigualdades es necesario aplicar impuestos a las personas que hayan obtenido grandes ingresos en los mercados, con el fin de mejorar el nivel de vida del que gana menos».

La condonación de la deuda externa: Hace más de 20 años que muchos de los países más pobres están atrapados por una deuda que no podrán pagar. Los acreedores somos los países ricos, el BM y el FMI. La realidad es que la antigua deuda se ha pagado con creces, pero los países y las instituciones continúan abriendo el bolsillo a los flujos de capital con los que el Sur pobre financia al Norte rico. En las conclusiones de las

Jornadas Internacionales sobre la Deuda Externa, organizadas por Caritas en el año 1999, podemos leer: «La existencia de la deuda externa es una negación clamorosa de los derechos fundamentales de una gran multitud de personas que no ven reconocida su dignidad. La condonación de la deuda externa de los países más pobres es, por lo tanto, una imperiosa exigencia ética a la que tenemos que responder. La condonación de la deuda es factible, dados los recursos existentes en los países acreedores y también por las evidentes posibilidades de vincularla a inversiones de desarrollo humano en los países deudores». El premio Nobel de la Paz, Adolfo Pérez Esquivel, opina: «Más que deuda externa es una nueva forma de conquista, una deuda eterna que somete nuestros pueblos al hambre, la miseria y la exclusión. No habrá ayuda que consiga devolver el futuro robado si entre todos no conseguimos romper estas cadenas y transformar el comercio, la producción y los flujos de capital en relaciones de justicia y solidaridad».

Es fácil y más que evidente diagnosticar que el modelo de desarrollo que el mundo rico ha elegido para nuestro planeta es insostenible. Desviar el camino hacia un modelo alternativo es, sin duda, muy costoso y comprometido. En todo caso, lo más importante es saber cuál es el objetivo. Y nosotros lo tenemos claro: queremos un mundo más justo; justo con las plantas, con los animales y con las piedras, justo con el suelo y con el agua y, sobre todo, justo con las personas. La justicia pasa por la igualdad de oportunidades y de derechos y por la paz. Edificar un nuevo mundo sobre estos pilares es tarea de todos y depende de las acciones más insignificantes: manifestarnos contra lo que consideramos un abuso, arreglar un grifo que gotea, comprar café de comercio solidario, rechazar productos fruto de la explotación, ahorrar energía... todo es esencial, todo es imprescindible para reconstruir un mundo más solidario, más equitativo y, en definitiva, más sostenible.

ANEXO
Acuerdos internacionales en materia de medio ambiente

El primer acuerdo internacional que se firmó con el objetivo de proteger un bien natural fue el **Tratado de la Antártida en 1959**. Un tratado mediante el cual 12 países se comprometieron a no reclamar parte alguna de este territorio y por el que se prohibió la instalación de bases militares, experimentos nucleares y vertidos radioactivos en la zona. A cambio, los científicos de diferentes países tendrían acceso a la Antártida para estudiar el clima, la geología y la fauna.

A pesar de este primer paso, tuvieron que pasar más de 10 años para que, durante la Conferencia de las Naciones Unidas sobre Medio Humano de 1972 en Estocolmo, se pronunciara un término nuevo: medio ambiente. Parecía que, por fin, las políticas internacionales se hacían eco de las denuncias sobre la destrucción del planeta que desde hacía tiempo reclamaba parte de la comunidad científica y la sociedad. Durante los años siguientes se demostró que los intereses de los gobiernos iban encaminados en otra dirección, y que los acuerdos y compromisos internacionales en materia de medio ambiente han ido llegando con cuentagotas.

En 1971, se redactó el **Convenio de Ramsar** referente a la protección de zonas húmedas de importancia internacional, especialmente como hábitat de las aves acuáticas. Durante los años 70, además del Ramsar, se elaboraron 3 convenios más para la protección y conservación de especies: el **Convenio de Washington de 1973 sobre comercio internacional de especies** amenazadas de la flora y fauna salvajes. El **Convenio de Bonn de 1979 sobre conservación de las especies migratorias de animales salvajes**. Y el **Convenio de Berna, relativo a la conservación de la vida salvaje** y el medio natural de Europa, donde se clasificaban las especies de flora y fauna europea en diferentes categorías, según el grado de protección que requerían.

En 1986, la Comisión Ballenera Internacional adoptó la Moratoria internacional sobre la caza comercial de ballenas. La medida, respetada por todos los países, salvo Noruega y Japón, se proponía asegurar la supervivencia de estas especies tras décadas de caza incontrolada.

En 1991, se decidió en Madrid la protección global del medio ambiente antártico y los ecosistemas dependientes, designando a la Antártida como «Reserva Natural, consagrada a la paz y a la ciencia».

En Río de Janeiro, en 1992, se celebró la Conferencia sobre Medio Ambiente y Desarrollo, conocida como la Cumbre de la Tierra. Fue el primer reconocimiento político del problema medioambiental. Los representantes de 172 gobiernos se reunieron con el objetivo «de conseguir un equilibrio justo entre las necesidades económicas, sociales y ambientales de las generaciones presentes y futuras». De la Cumbre surgieron 3 acuerdos: un plan de acción mundial para promover el desarrollo sostenible, denominado Agenda 21; la Declaración de Río, donde se definían los derechos y obligaciones de los estados con respecto al medio ambiente; y una Declaración sobre la ordenación sostenible de los bosques en el mundo.

La Agenda 21 es un plan de acción para afrontar los compromisos ambientales del siglo XXI. Se ocupa de sectores clave como la agricultura, la industria y la gestión urbana, e identifica prioridades medioambientales tales como la conservación de la biodiversidad, la protección de mares y océanos, el cambio climático, los residuos tóxicos y los recursos hídricos, así como una serie de temas transversales como la transferencia de tecnología, pobreza, población y comercio.

En 1994, se celebró en Aalborg la primera Conferencia Europea de Ciudades y Pueblos Sostenibles. Del encuentro, surgió la Carta de Aalborg, un documento en el que ciudades y pueblos de Europa se comprometieron a elaborar sus respectivas Agendas 21 locales y programas que permitieran avanzar hacia el desarrollo sostenible. La Agenda 21 local persigue los mismos objetivos y compromisos que la Agenda 21 de Río. La única diferencia es que está formulada a escala local y, por lo tanto, se adapta a las necesidades y problemas concretos de cada pueblo o ciudad.

En Río también se firmaron dos convenios con fuerza jurídica obligatoria: el Convenio sobre Biodiversidad Biológica, que plantea como objetivos la conservación de la diversidad biológica, el uso sostenible de sus componentes y la distribución justa de los beneficios que se deriven del aprovechamiento de los recursos; y la Convención sobre Cambio Climático. También se iniciaron negociaciones para la Convención sobre Desertización que concluyeron en 1994. La valoración que se hizo de la Cumbre de la Tierra tiene dos caras: los gobiernos que estuvieron presentes consideraron que había sido un éxito, pero las ONG no se mostraron tan entusiasmadas y denunciaron la falta de acuerdos concretos y medidas inmediatas para resolver la crisis ecológica del planeta. Diez años después, la realidad demuestra que la mayoría de los compromisos que se adquirieron en Río no se han llevado a la práctica.

En 1996, se celebró la Convención de las Naciones Unidas contra la Desertización. Según los datos del Programa de las Naciones Unidas para el Medio Ambiente (PNUMA), la cuarta parte de la Tierra sufre este problema y, en las últimas décadas, se ha perdido una superficie de cobertura vegetal equivalente a Estados Unidos. España es el país de la UE más afectado por la desertización y se calcula que la superficie afectada es de 30 millones de hectáreas. El objetivo del Convenio era contrarrestar el avance de la desertización.

En 1997, se creó el **Protocolo de Kioto** y el **Protocolo de Montreal**. El primero, con la intención de aplicar los objetivos de la Convención sobre el Cambio Climático, obliga a los países industrializados que lo suscriben a reducir las emisiones de gases de efecto invernadero en el período comprendido entre 2008 y 2012, hasta un promedio del 5% por debajo de los niveles de 1990. En mayo de 2001, Estados Unidos se negó a ratificar el acuerdo de Kioto y se retiró definitivamente de las negociaciones; en noviembre del mismo año, en Marrakesh, se redactaron los textos jurídicos que servirían para ratificar definitivamente el Protocolo. En España, las Cortes Generales lo ratificaron en mayo de 2002 y, a partir de ese momento, el Tratado Internacional sobre Cambio Climático se convierte en norma de obligado cumplimiento. La Comunidad Europea, bajo la presidencia del ministro español de medio ambiente, Jaume Matas, ya había aprobado la ratificación en marzo del mismo año. Aunque el ministro ha declarado repetidamente que éste es un tema prioritario, España es el país de la Unión Europea que más ha incrementado las emisiones de gases de efecto invernadero desde que, en 1997, se elaboró el texto en Kioto.

El **Protocolo de Montreal** se creó con el objetivo de eliminar las sustancias que dañan la capa de ozono. Desde los años 70 ya había indicios de que los clorofluorocarbonatos (CFC) eran los principales responsables de la reducción de la capa de ozono de la atmósfera. A pesar de las evidencias, hicieron falta muchas negociaciones para llegar a un acuerdo. Al final, se negoció la supresión de las sustancias más nocivas y la eliminación progresiva del resto antes de 2010. Sin el Protocolo, los niveles de estas sustancias serían cinco veces superiores y la radiación ultravioleta se habría duplicado en algunas latitudes. Hay estimaciones que prevén que la concentración de CFC en la capa de ozono del año 2010 habrá vuelto al nivel de 1980.

En 1997 también se creó el Foro Mundial del Agua para llamar la atención sobre los problemas de agua dulce y definir una estrategia de gestión del agua para el siglo XXI. Hoy en día, la tercera parte de la población mundial vive en países con déficit de agua y se calcula que, si no cambia la tendencia, en el año 2025 dos tercios de los habitantes del planeta que estarán en esta situación.

El **Convenio de Rotterdam** de 1998 impulsó la seguridad en materia de productos químicos y plaguicidas peligrosos, impidiendo su comercio. Un año después, se elaboró un tratado internacional para reducir la utilización de contaminantes orgánicos persistentes como el PVC, DDT o HCH.

A finales de agosto y principios de septiembre de 2002 se celebró en Johannesburgo la segunda Cumbre de la Tierra. Desde fechas previas al inicio de la Conferencia, los puntos de vista sobre las expectativas y los resultados eran muy dispares. El ministro de medio ambiente español, Jaume Matas, afirmó que durante la Cumbre «se harían progresos reales en la aplicación de la Agenda 21 y el cumplimiento de las metas de la Cumbre del Milenio, especialmente en relación con la pobreza, gobernabilidad, financiación, los recursos naturales y el cambio en las modalidades de producción y consumo». En cambio, Theo Oberhuber, coordinador de Ecologistas en Acción, declaraba que «se llega a Johannesburgo con menos entusiasmo con el que se fue a la Cumbre de Río, sin objetivos claros y, hasta el momento, sin ningún documento previo que pueda facilitar el proceso negociador durante la Cumbre. Las conferencias previas que se han celebrado hasta la fecha no han acercado posiciones entre los diferentes actores, fundamentalmente Estados Unidos, Canadá y Rusia, por un lado, el G7 y China, por el otro, y la Unión Europea en medio, tratando de equilibrar la balanza y facilitar las negociaciones para que se llegue a algún tipo de acuerdo que garantice una mínima protección del medio ambiente».

El 5 de septiembre, los periódicos daban por clausurada la Cumbre con palabras como «fracaso», «decepción» o «falta de concreción». Tras 9 días de negociaciones, la falta de acuerdos concretos y planes de actuación fue la nota dominante de la segunda Cumbre de la Tierra. Las ONG la calificaron de gran decepción y denunciaron la falta de compromiso y voluntad política para cambiar las conductas económicas insostenibles. La Unión Europea, por su parte, reconoció que los acuerdos adquiridos eran poco ambiciosos pero, en todo caso, representaban una mejora respecto a los que había hasta Johannesburgo. El secretario general de la ONU, Kofi Annan, admitió que la conferencia no había producido todo lo que se esperaba de ella, pero valoró el hecho de poder abordar internacionalmente problemas medioambientales. Estados Unidos, una vez más, interpretó su papel: se opuso sistemáticamente a la mayoría de acuerdos, se negó a ratificar el Protocolo de Kioto, y sólo acabó cediendo en términos poco concretos y sin compromisos firmes. El secretario de estado estadounidense Collin Powel recibió el abucheo general de la Cumbre cuando, durante su intervención, además de criticar a los países africanos por rechazar las donaciones de maíz trasgénico estadounidense, afirmó cínicamente que EE.UU. estaba trabajando para reducir las emisiones de CO_2.

En Johannesburgo se acordó una Declaración política y un Plan de acción para combatir la pobreza y frenar el deterioro

del medio ambiente. En la Declaración, los 190 países participantes reconocieron el abismo cada vez mayor entre los países
del Norte y los del Sur y se comprometieron a erradicar la pobreza. También asumieron «la responsabilidad colectiva de
hacer avances y reformas en la interdependencia y el apoyo
mutuo entre los pilares del desarrollo sostenible (desarrollo
económico, desarrollo social y protección del medio ambiente) a escala local, nacional, regional y mundial». El Plan de
Acción acuerda reducir a la mitad la población sin acceso a
agua potable y redes de saneamiento para el año 2015. Las
ONG ya han alertado del peligro de las inversiones privadas; el
agua es un derecho de toda la población, sería inadmisible que
la privatización del agua dejase sin abastecimiento a las regiones más desfavorecidas.

En el campo energético se consiguió que China ratificase el
Protocolo de Kioto sobre emisiones de gases de efecto invernadero, y que Rusia y Canadá se comprometieran a hacerlo.
Eso hará posible la entrada en vigor del Protocolo a principios
de 2003. También, se aceptó la propuesta europea de aumentar un 2% el uso de fuentes energéticas renovables para que, en
el año 2010, éstas representen un 15% del total. La oposición de
EE.UU. y los estados productores de petróleo hizo que la propuesta sólo se concretase en un compromiso voluntario para
los países que se adhirieran.

Se resolvió reducir el impacto de los productos químicos peligrosos antes de 2020, pero no se habló, ni de los compuestos
orgánicos persistentes ni del tráfico de residuos. Se tomó la decisión de recuperar de las reservas pesqueras para el año 2015
y crear de una red de áreas marítimas «en las zonas donde sea
posible», esta última frase añadida a instancias de Estados Unidos. También se reafirmó la voluntad de evitar la desaparición
de más especies y la necesidad de aportar ayudas a los países
más pobres con este fin.

Uno de los principales temas de desacuerdo entre el Norte y el Sur fueron las subvenciones con las cuales los países ricos favorecen su agricultura. Los Gobiernos más pobres denunciaron que estos países destinan seis veces más dinero a subvenciones agrícolas que a la ayuda pública para el desarrollo del Sur, y pidieron una reducción de las subvenciones y las barreras comerciales que estos países ponen a los productos del Sur. Pero el Norte se muestra muy reticente: en el marco de la Unión Europea, Francia, el mayor beneficiario de las ayudas promovidas por el PAC, no quiere saber nada de reformas a la política agraria de la UE. En el campo de la cooperación, el Plan de Acción «invita» a destinar, de una vez por todas, el ya famoso 0,7% del PIB al desarrollo, pero hasta el momento sólo hay 5 países que lo hacen efectivo.

Glosario

Acidificación: aumento de la concentración de iones de hidrógeno. En términos medioambientales, hace referencia al aumento de la concentración de estos iones en el agua de lagos y ríos y en el suelo por efecto de la lluvia ácida, alterando las condiciones naturales de estos medios y de la vida que depende de ellos.

Agenda 21: programa de trabajo acordado en la Cumbre de la Tierra de Río de Janeiro en 1992, con el fin de afrontar los retos ambientales del siglo XXI. Las ciudades también deben elaborar su respectiva Agenda 21 Local, su plan estratégico de sostenibilidad, de responsabilidad de la acción local en la solución de los problemas ambientales globales.

Acuíferos: depósitos y canales naturales de aguas subterráneas que, tradicionalmente, se aprovechaban para el riego y el consumo y que, últimamente, sufren las consecuencias de la sobreexplotación y la contaminación.

Biodiversidad: variedad de especies animales y vegetales en su medio.

Cambio climático: alteración global de las características climáticas debida a la actividad humana. La modificación de las condiciones climáticas del planeta es una de las consecuencias del efecto invernadero provocado por las emisiones antrópicas de gases de este efecto.

Capa de ozono: zona de la atmósfera terrestre situada a unos 20 kilómetros de altura donde la concentración de moléculas de ozono es muy elevada. El ozono sirve de pantalla y evita que los rayos ultravioletas lleguen a la superficie terrestre.

CITES: Convención Internacional de Especies Amenazadas, de Fauna y Flora Salvajes, firmada en Washington el 3 de marzo de 1973.

CRAE: Consejos Reguladores de la Agricultura Ecológica.

CSD: Comisión para el Desarrollo Sostenible, establecida en Río en 1992 con el fin de controlar la puesta en práctica de la Agenda 21.

Deforestación: desaparición masiva de los árboles en grandes superficies por causas diversas, por lo general, producto de la actividad humana (extracción de madera, incendios...).

Desertización: último escalón en el proceso de degradación del suelo. Cuando confluyen factores climáticos y procesos erosivos, el suelo pierde las características naturales y la fertilidad, y las zonas áridas, semiáridas o subhúmedas acaban convirtiéndose en desiertos.

Efecto invernadero: proceso por medio del cual, debido a la elevada concentración de determinados gases en la atmósfera (gases de efecto invernadero: básicamente CO_2, metano, SO_2, N_2O), la radiación solar reflejada por la superficie terrestre no puede escapar al espacio y queda retenida en la baja atmósfera, provocando el calentamiento del planeta.

Energías no renovables: fuentes energéticas que el ser humano consume a una velocidad mayor que la de los procesos que las generan y, por lo tanto, tarde o temprano se agotan. Los combustibles fósiles (petróleo, gas y carbón) y la madera son energías no renovables.

Energías renovables: fuentes energéticas inagotables a escala humana. Todas las fuentes energéticas de origen solar son renovables: la radiación directa, el ciclo hidrológico, los vientos y las gradientes térmicas.

Erosión: pérdida de suelo que puede ser natural y, por tanto, es un agente modulador del paisaje, o puede ser provocada por el hombre y, entonces, se convierte en un grave problema medioambiental. La deforestación, los incendios, la agricultura y el pastoreo mal gestionados y la mala planificación del territorio son los principales causantes de la erosión acelerada.

Especie invasora: especie animal o vegetal que, por causas diversas, coloniza un hábitat que nunca antes había ocupado. Estas especies a menudo alteran el equilibrio entre especies y desplazan a las especies autóctonas poniendo en peligro su supervivencia.

Eutrofización: aumento de la concentración de nutrientes, principalmente nitratos y fosfatos, en las aguas continentales. La principal causa de este aumento son las aportaciones de las corrientes residuales de aguas agrícolas, que contienen restos de fertilizantes, y urbanas.

IPCC: Panel Intergubernamental sobre el Cambio Climático. Comisión internacional de expertos encargada de analizar y estudiar las causas y consecuencias del cambio climático.

Lluvia ácida: precipitación con un contenido de iones de hidrógeno anormalmente elevado. Se debe a la disolución en la atmósfera de los ácidos de azufre y nitrógenos emitidos por la actividad industrial y la combustión de carburantes.

Nivel freático: profundidad hasta la que llegan las aguas subterráneas.

OCDE: Organización para la Cooperación y el Desarrollo Económico.

OMS: Organización Mundial de la Salud.

PNUD: Programa de las Naciones Unidas para el Desarrollo.

PNUMA: Programa de las Naciones Unidas sobre Medio Ambiente.

Reciclaje: tratamiento de un producto o material para obtener uno nuevo o uno que tenga la misma calidad del inicial y pueda aprovecharse para los mismos usos.

Recogida selectiva: separación de los materiales de desecho para que cada uno de ellos pueda ser objeto del mejor tratamiento posible. A nivel doméstico, se materializa en la separación de los diferentes tipos de basura y su posterior depósito en el contenedor adecuado (vidrio, papel y cartón, plásticos y latas, basura orgánica y sustancias de desecho).

UICN: Unión Internacional de Conservación de la Naturaleza y los Recursos Naturales.

UNCED: Conferencia de las Naciones Unidas sobre Medio Ambiente y Desarrollo.

ZEC: Zonas de Especial Conservación. Figura de protección surgida de la Directiva sobre hábitats, promulgada por la Unión Europea el 21 de mayo de 1992.

ZEPA: Zona de Especial Protección para las Aves. Figura de protección surgida de la Directiva sobre aves, promulgada por la Unión Europea el 2 de abril de 1979.

BIBLIOGRAFÍA

Revistas

El Ecologista
Guies d'Educació Ambiental de l'Ajuntament de Barcelona
Investigación y ciencia
La Tierra
Medi ambient, tecnologia i cultura
Revista de Greenpeace
¿Sostenible?
The Ecologist

Internet

A menudo, las webs de los ayuntamientos y administraciones locales brindan información interesante sobre la forma de colaborar para proteger el medio ambiente y sobre los proyectos que se llevan a cabo en nuestra comunidad. Las webs de las organizaciones solidarias y ecologistas contienen documentos sobre el estado actual del mundo. Destacan, entre muchas otras:

www.amigosdelatierra.org
www.fundacioperlapau.org
www.greenpeace.org
www.ecologistasenaccion.org
www.pangea.org
www.unescocat.org
www.IntermonOxfam.org
www.wwf.es/wwf_adena.php

Libros

Almansa, F. I. y Vallescar, R., «1996, año de la erradicación de la pobreza». *Cuadernos de Cristianismo y Justicia*, n° 72.

Arias, M.; Vera, J.M., «Banc Mundial i Fons Monetari Internacional. Un ajut als països pobres?». *Cuadernos de Cristianismo y Justicia* n° 112.

Flavin, C. *et al*, *El estado del mundo 2002*, WorldWatch Institute 2002.

Godrej, N., *Cambio climático. Dosiers para entender el mundo*, Intermón Oxfam, Barcelona, 2002.

Lanz, K., *El libro del agua*.

Varios autores, *Erradicar la pobreza para construir un solo mundo*. Libro de la exposición del mismo nombre organizada por Justícia i Pau.

Varios autores, *¿Sostenible?*, Recopilación de materiales presentados en el Congreso Internacional de Tecnología, Desarrollo Sostenible y Desequilibrios. Universitat Politècnica de Catalunya i Departament de Medi Ambient de la Generalitat de Catalunya.

Colección Dossiers para entender el mundo

Una colección que plantea los principales problemas del mundo actual y analiza los retos de la cooperación para el desarrollo que surgen en cada caso.

Títulos en existencia

5. Relaciones Norte-Sur.
Conceptos clave. (2ª edición actualizada). 72 páginas

M. Casado

Diez temas clave en las relaciones Norte-Sur que condicionan el desarrollo mundial: la pobreza, su relación con el medio ambiente, la deuda externa del Sur, el impacto de los conflictos armados en el desarrollo, la situación de la mujer, el impacto de la pobreza en la infancia, los refugiados y desplazados, el hambre y la seguridad alimentaria.

A través de la presentación de algunos proyectos de desarrollo veremos la respuesta de los habitantes del Sur a tales problemas y de estos elementos surgirá la reflexión y una propuesta para una acción ciudadana, individual y colectiva, que contribuya a la solidaridad en favor de un mundo más justo.

6. Una Tierra para todos. 48 páginas

I. Oliveres

Tras una breve introducción que nos ayudará a definir conceptos de pobreza, medio ambiente y desarrollo, analizaremos los actuales problemas medioambientales.

Se trata distintos temas, como la utilización de los recursos naturales en general, nuestro modelo de desarrollo, las relaciones comerciales en los países del Primer y del Tercer Mundo, casi siempre desiguales, y las incidencias que originan estas formas de actuación.

Finalmente, examinaremos las distintas alternativas propuestas, así como las tareas de sensibilización encamimadas a lograr un modelo de desarrollo global más justo.

7. 10 preguntas por África. 96 páginas

A. Sarri

La realidad violenta que a menudo se vive en muchos países de África, la falta de un fuerte desarrollo industrial, la aridez del suelo de muchos países y la pobreza, tienen sus razones. A través de diez preguntas, la autora ha querido aproximarnos a las claves que nos permitirán entender esta situación, pero que también nos explican que en África hay riqueza cultural, humana y material; hay desarrollo económico y hay solidaridad y cooperación entre los pueblos. Así, el libro nos da las pinceladas necesarias para comprender cómo viven los africanos, cuáles son sus retos y con qué fuerza cuentan para enfrentarse al futuro.

8. Las minas antipersona. 72 páginas

E. Quintana

En diciembre de 1997, miles de ONG de todo el mundo, organizadas en la Campaña Internacional para la Prohibición de las Minas, lograron la firma de un Tratado para su prohibición total. Se trata de la primera inicativa ciudadana que promueve con éxito unas negociaciones internacionales sobre desarme y supone un ejemplo de la influencia que la sociedad civil puede ejercer para cambiar las causas de la injusticia, la pobreza y la muerte.

Pero la prohibición de las minas es sólo el primer paso. Los ciudadanos deben velar ahora para que los gobiernos cumplan sus obligaciones: destinar los recursos nece-

DOSIERS PARA ENTENDER EL MUNDO

sarios para la desactivación de millones de minas y la asistencia a miles de víctimas. Mientras no se cumplan estos objetivos, en el mundo no habrá paz con las minas.

9. Globalización. Apuntes de un proceso que está transformando nuestras vidas. 64 páginas

C. Casals

Todos hemos oído hablar de la globalización, pero, ¿qué es exactamente la globalización? ¿La globalización es intrínsecamente negativa? ¿Cómo afecta a nuestras vidas? ¿Qué cambios supone para nuestra economía? ¿Y para nuestra cultura? ¿Qué protagonismo tiene la OMC en la globalización? ¿Qué papel juegan las ONG en este proceso? Éstas y otras preguntas son las que plantea y responde este didáctico libro.

10. Rompiendo fronteras. Una visión positiva de la inmigración.
96 páginas

C. Mas

Una radiografía clara y exhaustiva de los procesos de migración que vive el planeta; sus orígenes, sus causas y sus consecuencias. Un libro práctico para conocer la realidad de la migración en este nuevo siglo.
Las grandes migraciones actuales son la punta del iceberg de un mundo desigual, pero hay que huir de dramatismos y sensacionalismos y de las afirmaciones que aseguran que las migraciones sólo se mueven de Sur a Norte. Los movimientos migratorios son mucho más complejos y podrían ser menos traumáticos si se hiciera un verdadero trabajo pedagógico. Un trabajo que evitaría las actitudes de xenofobia y racismo en las situaciones cotidianas. Las políticas migratorias, los derechos y deberres de los emigrantes, la convivencia y els mestizaje cultural son algunos de los temas que aborda este estudio.

11. La cultura de paz. 130 páginas

A. Banda

De la misma manera que la filosofía parte del asombro, la cultura de la paz parte del horror. Si alguien no posee la capacidad de horrorizarse ante tanta destrucción, dolor y muerte como la que nuestra civilización ha causado solamente en el pasado inmediato, si todo ello no le produce asco y pavor, ese alguien tampoco posee la capacidad de trabajar para la paz.

La mayoría de nosotros no hemos sufrido las terribles experiencias de una guerra y muchas formas de violencia perviven en nuestro mundo en los albores del siglo XXI. A casi todos esta realidad nos repugna y nos peguntamos cómo es posible y qué se puede hacer para evitarla. Desde el horror, deseamos la paz.

12. Comercio justo: Doble comercio. 144 páginas

D. Ransom

El comercio es un intercambio voluntario entre dos partes y, por tanto, debería ser justo por definición. El colonialismo modificó totalmente esta idea ya que la explotación «comercial» de las colonias se hacía en beneficio exclusivo de la metrópoli. Hoy en día el comercio internacional es muy distinto al de entonces, pero, en muchos aspectos, no ha cambiado tanto. Aunque los imperios europeos prácticamente han desaparecido, en su lugar encontramos un imperio internacional de «libre comercio», dominado principalmente por los Estados Unidos, en que los más poderosos imponen sus reglas al resto del mundo.

Con este libro, David Ransom pone sobre la mesa los puntos clave del actual sistema de comercio mundial, muestra varios casos que ejemplifican las consecuencias del comercio injusto y apunta modelos de lo que debería ser un comercio justo.

13. Cambio climático. 144 páginas

D. Godrej

El calentamiento del planeta es un hecho científico, pero para algunos gobernantes no parece ser más que un cuento de ciencia ficción alentado por parte de apocalípticos antisistema. Lo que es evidente es que, año tras año, sus efectos se dejan sentir en la climatología mundial. Los huracanes, las olas de calor, las inundaciones, la desertización o el deshielo de los polos son algunas de las consecuencias más explícitas del cambio climático.

En este libro, el periodista de The New Internationalist Dinyar Godrej, analiza los fenómenos climáticos que han aparecido en los últimos treinta años a causa del efecto invernadero. Son muchos y cada vez más habituales. Nada ni nadie escapa a su devastación. El autor analiza las repercusiones del cambio climático sobre la salud, la agricultura, la ganadería, la flora y la fauna, señala responsabilidades políticas y sugiere medidas duraderas para paliar esta situación.

14. Yo no soy racista, pero... 120 páginas

M. García O'Meany

«Yo no soy racista, pero...» es una frase que todos hemos escuchado e incluso muchos hemos pronunciado, posiblemente en un intento de disculpar o de evitar reconocer nuestras actitudes y comportamientos discriminatorios.

Ese dosier acerca el tema de la discriminación a los jóvenes de un modo claro y didáctico. Vivimos en una sociedad cambiante y una de las principales características del mundo actual son los continuos flujos de migración, mayoritariamente del sur hacia el norte. El miedo a la diferencia define al ser humano y, a raíz de la inmigración, convivir con ella es el pan de cada día. Estas páginas abren líneas de reflexión para que los jóvenes conozcan de dónde surgen las actitudes racistas y descubran el gran valor de la interculturalidad.

15. Casino Mundial 160 páginas

Wayne Ellwood

La globalización está en boca de todos pero, ¿sabemos lo que realmente significa y representa? Para algunos, es la gallina de los huevos de oro y, para otros, el lobo feroz que amenaza la integridad del corral. En realidad, tiene un poco de cada. Por una parte, la internacionalización de los mercados significa la esperanza de que el progreso, la democracia y el bienestar social lleguen a todos los rincones del planeta. Pero, por otra parte, significa la exclusión de muchas personas del sistema porqué mientras la economía y la riqueza crecen, lo hacen sólo para algunos, de espaldas a la vida de los menos favorecidos y sin tener en cuenta los recursos limitados del planeta. Es decir, la globalización ofrece buenas expectativas pero su actual ejecución las hace inviables. Esta guía ayuda a conocer con todo detalle esta situación.

16. Clases, castas y jerarquías 144 páginas

Jeremy Seabrook

Después de la caída del Muro y el "fracaso" de los proyectos comunistas, las tesis marxistas de la lucha de clases han sufrido una notable desvirtualización ante la ideología liberal-capitalista imperante. Aun así, negar que siguen existiendo diferencias de clases, sería tratar de ver la realidad con una banda en los ojos. Las sociedades occidentales han sabido trasmitir una imagen de bienestar social pero siguen existiendo marginados y excluidos por el sistema. En los países desarrollados, aparentemente, se fomenta la igualdad de oportunidades para los sectores con mayores dificultades pero, por otro lado, se hacen oídos sordos ante las inmensas y evidentes diferencias e injusticias que rigen las relaciones entre Norte y Sur. Toneladas de excedentes de alimentos conviven con miles de muertos de hambre al día. Esta situación agrava las penurias que padecen las poblaciones más desfavorecidas del planeta y, día a día, aumenta la desigualdad. En este libro, Jeremy Seabrook analiza la vigencia de las teorías de clases desde varios puntos de vista que nos ayudarán a conocer lo mucho que queda por hacer.

17. Democracia y participación 160 páginas

Richard Swift

¿Hasta qué punto la democracia es democrática? Si le tomamos el pulso al cuerpo político, veremos que el paciente está en un estado muy débil. Este libro analiza cómo la democracia está constreñida y deformada por los agentes del poder y una clase política interesada, desde en Birmingham hasta Bangalore. Un consenso estéril de tecnócratas, neoliberales y relaciones públicas de todo el mundo ha usurpado la esperanza de un futuro democrático. El libro también es una guía que muestra la rica diversidad de formas de gobiernos electos y contiene ideas prácticas para dar poder a los votantes de todo el mundo.

18. El negocio de las armas 168 páginas

Gideon Burrows

Afganistán, Cachemira, Palestina o Iraq, son algunos de los territorios en que las armas son el pan de cada día aunque es fácil suponer que no es allí donde se fabrican. El negocio de la muerte continua llenando las arcas de empresas occidentales sin escrúpulos. Un negocio en que vendedores y compradores son enemigos potenciales. En las ferias de armamento es fácil encontrar representantes de países enfrentados que compran armas codo a codo. Esto seguramente ocurre porque en las guerras, cuatro de cada cinco víctimas son civiles. También es sorprendente ver que cuatro de los seis países que controlan el 85% del comercio mundial de armas pertenecen al Consejo de Seguridad de la ONU. Una curiosidad muy triste y explícita.